AF400296

Achim Fringes
Bochum September 2016

Jenseits der Angst

Achim Fringes

Herstellung und Verlag:

BoD - Books on Demand, Norderstedt

ISBN 978-3-7431-3578-9

Inhalt:

Bei den menschlichen Taten geht es laut Jean-Paul Sartre um den Sinn der Welt und den Platz des Menschen im Universum. Selbst wenn der Mensch es nicht will, schafft er durch jede seiner Handlungen eine allgemeine Werteskala. Die Zukunft ist noch nicht geschaffen und noch nicht entschieden. Es sind die Menschen, die sie gestalten werden, und jede Bewegung trägt dazu bei, sie zu entwerfen. Wer die furchterregende Mission, die jedem Mensch gegeben ist, nicht voller Angst empfindet, der muss ein großer Pharisäer sein.

Für Jean-Paul Sartre ist Angst allerdings keineswegs ein Hindernis für das Handeln, sondern vielmehr die Voraussetzung dafür.

Worte

Ich habe viele Bücher geschrieben für die große Liebe meines Lebens. Die Bücher dieser Zeit sind voll mit dem Wort Liebe. Sie sind alle wahr und keines werde ich je bereuen.

Als Begriff ist Liebe aber so sehr missbraucht, geschunden, verfälscht und missdeutet worden. Wir benutzen „Liebe", ohne darüber nachzudenken - für irgendein Produkt, für eine bestimmte Zeit, für ein Gericht, für ein Getränk. Wir packen es in schnulzige Romane und Filme und füllen ganze Bibliotheken mit diesem Wort, als gäbe es kein anderes.

Es gibt kaum etwas auf dieser Welt, was der eine oder andere nicht lieben könnte, und unter uns: Ich liebe Schalke 04 nicht wirklich.

Letztlich ist Liebe so individuell wie der Mensch selbst, der sie erlebt und empfindet, für was auch immer.

Für mich hängt Liebe eng, sehr eng, mit dem Begriff der Freiheit und Angst zusammen. Nun kann man das für zu einfach halten oder unromantisch, aber ich kann nicht heraus aus meiner Idee von wahrhaftiger Freiheit. Ich habe die Worte: „Freiheit ist immer die Freiheit des Anderen", von Jean-Paul Sartre sehr verinnerlicht. Es ist ein sehr schwerer Satz, der als Wert in meinem Leben eine übergroße Bedeutung hat. Diese Freiheit heißt für mich eben nicht nur Freiheit, sondern vielmehr Vertrauen.

Vertrauen ist der Antrieb meines Lebens und hat mir eine Vielzahl an Türen geöffnet, so dass ich darauf nicht verzichten kann und es auch nicht möchte. Vertrauen ist der Anfang allen Verstehens und ich will weiterhin verstehen, gleich was mit meinem Vertrauen in dieser Welt geschieht. Vertrauen ist es, was die Angst vor dem Verlieren besiegt.

Eine Menge Worte habe ich gesammelt im Zusammenhang mit diesem Buch.

Diese Worte und Sätze mögen Fragen aufwerfen, vielleicht auch Antworten geben. Was auch immer sie bewirken bleibt dahingestellt, denn sie folgen keinem Ziel, keinem Weg oder gar einer verschlüsselten Botschaft. Das Geschriebene drückt nur aus, was ich denke und empfinde. Es ist nicht gefiltert und es nimmt keine Rücksicht auf all die Dinge, die das Leben bestimmen: Nicht auf Alter, nicht auf Gesellschaftsstand, nicht mal auf Gefühle. Es beschreibt allein meine Welt der Gefühle und des Wahrnehmens. Es beschreibt den Teil meiner Wirklichkeit, in der auch andere diese Wirklichkeit mitbestimmen.

Worte, die einmal gesprochen sind, lassen sich einfach nicht zurücknehmen, so sehr man sie auch bereut, so sehr das Gegenüber auch um Verzeihung bittet und Wiedergutmachung verspricht.

Ich glaube, dass die Verbindung zu einem Menschen auch nur eine bestimmte Anzahl an kränkenden und verletzenden Worten und Taten erträgt. Sind es zu viele bricht die Verbindung ab.

Worte und Taten sind unwiderruflich und unvergänglich eingemeißelt in der Seele des anderen.

Diese Erkenntnis fordert einen vorsichtigen, aber keinesfalls berechnenden Umgang mit Worten. Der achtsame Umgang darf nie dazu führen, dass die Wahrhaftigkeit der Aussage verändert wird.

Angst

Angst ist ein Gefühl, so wie Liebe, Hass, Neid oder Freude. Angst ist ein sehr altes und auch ein lebenswichtiges Gefühl, weil sie uns über Millionen Jahre dazu befähigt hat, in einer lebensfeindlichen Umwelt zu überleben.
Angst ist unsere Alarmanlage. Wenn Gefahr droht reagiert eine Alarmanlage mit einer schrillen, ohrenbetäubenden Sirene, ähnlich wie die Gefahrenmeldung bei der Polizei.

Einmal ausgelöst, löst unsere „Alarmanlage Angst" einen uralten, festgelegten automatischen Prozess aus. Bei uns schrillt jedoch keine Sirene, es geht kein Licht an und es wird auch keine Schutzmacht benachrichtigt. Stattdessen steigt der Blutdruck, was die Muskulatur besser durchblutet, das Herz schlägt schneller, die Atmung wird verstärkt, die Pupillen erweitern sich. Das alles geschieht automatisch und dient dazu unseren Körper auf Kampf oder Flucht vorzubereiten. All das geschieht in rasender Geschwindigkeit und unausweichlich, ohne dass Zeit zum Nachdenken bleibt. Im Angesicht des Säbelzahntigers, der als Lieblingsbeute den Menschen hatte und bis zu seinem Aussterben dessen Hauptbedrohung darstellte, haben wir auch nicht die Zeit darüber nachzudenken, warum das so ist. Angst schüttet in rasender Geschwindigkeit Botenstoffe und Hormone in unserem Gehirn aus und setzt so den Prozess in Gang, der unaufhaltsam abläuft. Das ist für den Köper gezwungenermaßen eine Stresssituation. Er reagiert darauf mit dem Millionen Jahre alten Überlebensprogramm.

Bei einer Alarmanlage gibt es des Öfteren einen Fehlalarm, der bestimmte Folgeprozesse auslöst, obwohl es keine reale Bedrohung gibt. Bei unserer Alarmanlage „Angst" gibt es ebenfalls öfter einen Fehlalarm im Gehirn der, obwohl keine reale Bedrohung vorliegt, Alarm auslöst - mit allen dazugehörigen Stressreaktionen. Doch anders als bei der Alarmanlage, lässt sich ein Fehlalarm, in Form von Angst, nicht so leicht abstellen.

Nun ist die Begegnung mit dem Säbelzahntiger ein Beispiel dafür, wie die Angst uns über viele Generationen hinweg - vom Urmenschen bis hin zum heutigen Homo sapiens - das Überleben gesichert hat. Es ist aber auch ein gutes Beispiel dafür, dass Angst auch negative Auswirkungen hat. Denn der

Säbelzahntiger ist lange ausgestorben, aber die Angst vor ihm ist geblieben. Das gleiche Programm läuft ab. Unsere evolutionsbiologische Prägung hilft also nicht unter allen Umständen beim Umgang mit Angst. Gleichwohl ist und bleibt die Angst überlebenswichtig, auch wenn sie oft im Leben und im Alltag über das Ziel hinausschießt und objektive Gefahren falsch beurteilt.

Das Herz fängt an zu rasen, wir hecheln, der Mund wird trocken, kalter Schweiß bricht aus - und all das, weil wir eine Spinne sehen oder eine schmale Brücke über einem Abgrund überqueren müssen.

Weder die sichere Brücke, noch die harmlose Spinne stellen eine reale Gefahr dar, dennoch können sie all diese, aufgrund von Angst entstandenen, panischen, körperlichen Reaktionen auslösen.

Es gibt sehr viele medizinisch anerkannte Ängste, die sogenannten Phobien. Das sind Ängste vor eigentlich ungefährlichen Situationen oder Dingen. Bei den medizinisch anerkannten rund 600 Phobien gibt es eine Menge unglaublicher Ängste.

Die Ursachen für diese Ängste können vielfältig sein: traumatische Ereignisse, ungelöste Konflikte, von den Eltern anerzogene Ängste oder evolutionär bedingte, aus unserem archaischen System kommende.

Die Angst von Enten beobachtet zu werden, ist nur eine von vielen verrückten bzw. ungewöhnlichen Ängsten. Was uns alles Angst einjagt, ist schier unglaublich. So gibt es die Angst vor Zahlen (Arithmophobie), Angst vor

Clowns (Coulrophobie) oder Angst vor Büchern (Dikephobie), was ja bei Ihnen anscheinend nicht der Fall ist.

Ängste können auch als Teil einer Gruppe erlebt werden. Zum Beispiel die Angst vor Deutschland und seiner Kultur (Germanophobie). Diese Gruppenangst ist weit verbreitet und nicht nur auf Deutschland beschränkt, denn die Angst vor Holland (Dutchphobie) gibt es genauso.

Die Liste könnte hier noch auf viele weitere Länder und Kulturen ausgeweitet werden.

Angst jedoch versetzt unsere Gesellschaft in eine Null-Risiko–Gesellschaft, in der wir uns gegen alles und jeden absichern möchten. Angst lässt uns mittlerweile in einer paradoxen Wirklichkeit leben.

Wir sind die am längsten lebenden und gesündesten Menschen in der Geschichte, aber unsere Ängste steigen rasant an und wir versuchen uns gegen jegliche, noch so unwahrscheinliche Gefahr abzusichern.

Wir sind dabei, aufgrund unbegründeter Ängste, unsere Gesellschaft und unser Leben stark einzuschränken und zu verändern. Wir wären wahrscheinlich sogar heute bereit darüber zu diskutieren, im Park alle Enten zu erschießen, weil wir Angst davor haben, von ihnen beobachtet zu werden.

Egal was auch geschieht, viele Menschen wollen einfach nicht wahrhaben, dass die Bedrohungen unseres

Lebens seit Jahrzenten abnehmen und auch weiter abnehmen werden.

Aber ein nüchterner Blick auf die Wirklichkeit der Wahrscheinlichkeit ist längst von einer ungezügelten Angst und Panikmache abgelöst worden.

Die Redewendung „In China ist ein Sack Reis umgefallen" ist eine Metapher für ein unwichtiges Ereignis. Mit dieser abfällig-scherzhaft verwendeten Floskel drückt man sein Desinteresse aus oder signalisiert die empfundene Bedeutungslosigkeit eines Themas oder eines Vorgangs. Durch die vielen Bilder und Berichte, die von den sogenannten Informations-Medien auf uns einprasseln, ist es heutzutage so, dass sich viele von uns wirklich ducken, wenn in China ein Sack Reis umfällt.

So sind heute nicht die ausgemachten - zu Katastrophen aufgeblähten - Ereignisse und Lebensumfelder die reale Gefahr für unser sicheres Leben, sondern die extrem übersteigerte Angst vor diesen.

Da kann es schon nicht mehr verwundern, dass es Ängste gibt, die für breite Schichten der Menschen oft sogar als Lebensziel betrachtet werden.

Was mich besonders fasziniert sind Ängste, wie die Angst gelobt zu werden (Doxophobie). Um es deutlich zu machen: Menschen, die unter Doxophobie leiden, haben nicht etwa Angst davor, nicht gelobt zu werden, sie befürchten vielmehr das Gegenteil. Die Plutophobie wiederum bezeichnet die krankhaft übersteigerte Angst vor Reichtum und Wohlstand. Sie bezieht sich nicht nur auf die Angst vor dem Reichtum anderer. Es gibt Betroffene, die alles, was zu Reichtum führen könnte, wie z.B. Geld anzuhäufen und zu sparen, meiden.

Bei der Orthophobie wiederum hat der Betroffene Angst vor Eigentum, was allgemein ja eher als etwas Positives gilt. Bei der Philophobie hat der Betroffene Angst zu lieben oder sich zu verlieben - eine wahrhaft traurige Angst.

Und dann ist da noch eine Angst, wie sie hinter dem Titel dieses Buches steckt: Es ist die Angst vor dem Glück und dem Glücklichsein.

Wissenschaftler bestätigen, dass es solche Sorgen gibt. Sie können für die Betroffenen sehr belastend sein und so einem guten Leben im Weg stehen. Doch die Angst vor dem Glück hat, was den Leidensdruck angeht, oft nicht den gleichen Stellenwert wie Phobien oder andere Angststörungen, sicher auch deshalb, weil es eine besondere Form der Angst ist; letztlich denken wir doch alle, dass alle Menschen nach Glück und dem Glücklichsein streben.

Glück bringt oft Zweifel und Befürchtungen mit sich und stellt Fragen wie: Wird das Glück mich bald verlassen? Habe ich das Glück verdient? Neiden mir andere mein Glück?

Wenn man erfolgreich und/oder glücklich ist, bedeutet dies also nicht, dass man auch gleichzeitig angstfrei lebt.

Oft stellt sich, gerade in dieser eigentlich positiven Zeit, Angst ein. Dahinter steckt unsere Sehnsucht nach Dauer und Beständigkeit. Diese Sehnsucht ist tief in uns verankert, denn für unsere kindliche Entwicklung ist das ständige Wiederholen von Gewohntem und Vertrautem ungemein wichtig. Es lehrt uns früh, unsere Gefühlsseite und Liebesfähigkeit zu entfalten und so Vertrauen und Hoffnung entstehen zu lassen. Zudem fördert dies die Entwicklung des Gedächtnisses, was wichtig ist für Erkenntnis und Erfahrung und uns Orientierung in der Welt gibt.

Säuglinge beginnen mit circa acht Monaten, Angst vor Fremden zu entwickeln. Wenn Fremde ihnen zu nahkommen, drehen sie sich ab oder weinen. Es ist ein Schutzmechanismus, Unbekanntes zu erkennen und sich erst einmal nicht darauf einzulassen. Wenn das Kind es lernt, behutsam Vertrauen zu anderen zu fassen, macht das den Weg frei für Beziehungen und ebnet den Kontakt zu anderen Menschen. Das Überwinden der Angst ermöglicht schrittweise die Zuwendung zur Welt.

Eine chaotische Welt ließe uns diese Fähigkeiten nur schwer erlernen. Dem Äußeren würde ein inneres Chaos entsprechen. Die Angst vor der Vergänglichkeit steht hinter der Sehnsucht nach Dauer und Beständigkeit. Das Gefährliche daran ist, dass diese Angst uns befällt, je mehr wir uns gegen sie absichern wollen.

Je größer diese Angst ist und je mehr wir uns ausmalen, was Veränderung Schlechtes mit sich bringen könnte, desto mehr bestärkt sich das Streben nach Dauer und Sicherheit und die Neigung, alles beim Alten zu belassen. Wir versuchen immer das Bekannte, Vertraute und Gleiche wiedervorzufinden oder wiederherzustellen.

Was geschieht, wenn ich Erfolg und Glück erreicht habe, diese Frage bleibt auf dem Weg zum Glück oft unbeantwortet. Die Welt ist voll mit Ratgebern und Wegbeschreibungen zum Glück. Wenn es aber darum geht, was passiert, wenn ich dort angekommen bin, darauf bleiben diese Bücher eine Antwort schuldig.

Einige Ängste, die auf unbegründete Gefahren hin ausgelöst werden, können wir heute schon recht gut behandeln. Den einen oder anderen Fehlalarm können wir so verhindern. Die Angst aber ist tief in uns verankert, weil sie uns nach wie vor hilft, Gefahren zu bewältigen.

Mit all dem befasst sich die Wissenschaft seit Jahren intensiv. Man ist dem Denken und Fühlen auf der Spur - aber halt nur auf der Spur. Auf jede neue Antwort, scheint mir, folgt eine neue Frage. Bei allen Fortschritten, die bei der Erforschung vom Denken und Fühlen gemacht worden sind, enden doch fast alle damit, dass es sich letztlich um Vermutungen und erste Ansätze handelt. Die Forschung über das, was in einem menschlichen Gehirn vorgeht, gleicht der Erforschung eines Ozeans, wobei wir uns heute an einem Punkt befinden, wo wir erst bis zu den Knöcheln in diesem Ozean stehen. Schiffe bauen und diesen Ozean zu überqueren ist noch ein sehr kühner Plan.

Dabei ist das, was wir bereits über den Ozean „Geist" wissen, schon in höchstem Maße beeindruckend und faszinierend. Wir wissen um diesen Ozean und für mich gehören wir damit zu den großen Entdeckern der Gegenwart.

Der große Film

Im Allgemeinen trennen wir in unserer Welt die physikalische Welt sehr genau von der geistigen Welt. Hierbei können wir deutlich unterscheiden, was wir sehen und fühlen können und das, was wir uns vorstellen und erdenken können.

Zu gern möchten wir das glauben was wir sehen oder empfinden, weil uns diese Dinge am sichersten erscheinen. Das Gehirn bringt aber nur einen winzigen Bruchteil der real existierenden Welt in unser Bewusstsein.

Dass wir uns nicht auf Empfindungen und auf das Sehen allein verlassen können, lässt sich auch an einem kleinen Experiment demonstrieren:

Nehmen wir mehrere Kupferdrähte und setzen einige von diesen unter Strom, so können wir visuell nicht erkennen, welche unter Strom sind und welche nicht.

Indem wir die Drähte aber berühren, können wir schon deutlich spüren, welche Drähte unter Strom stehen. Bis zu einer gewissen Stärke des Stromes können wir das Defizit unseres Sehens durch Fühlen ausgleichen. Fließt aber nur eine sehr geringe Menge Strom, sind wir nicht in der Lage, dies allein durch Berühren der Drähte zu erkennen. Dass aber Strom fließt, obwohl wir dies weder sehen noch spüren, beweist die kleine Lampe, die ans Ende unserer Drähte angeschlossen ist.

Unser Strombeispiel ist relativ einfach und leicht nachvollziehbar.

Die Welt unserer Empfindungen besteht aus drei Bereichen: der Außenwelt, der Welt unseres Köpers und der Welt unserer geistigen und emotionalen Zustände.

Die drei Wirklichkeitsbereiche stoßen direkt aneinander oder gehen direkt ineinander über. Alle erlebten Vorgänge zwischen mir und meinem Körper, zwischen mir und der Außenwelt und zwischen meinem Körper und der Außenwelt laufen in meiner Wirklichkeit ab.

Unser Gehirn produziert unsere Wirklichkeit, vergleichbar mit einem Film, der uns vorgeführt wird, um es plastisch auszudrücken.

Natürlich sind die Abläufe in unserem Gehirn, bei der Hervorbringung der Wirklichkeit und des Bewusstseins und all der darin entwickelten Unterschiede, die unsere Erlebniswelt ausmachen, sicher sehr viel komplexer; aber ich möchte mit dieser Vereinfachung den Prozess veranschaulichen, ohne zu sehr in die höchst komplizierte Welt der Neurobiologie einzutauchen. Ich kann aber auch nicht ganz auf die Erkenntnisse und das Wissen dieser Wissenschaft verzichten und nehme in Kauf, dass ich bei meinen Beispielen sicher nicht den exakten und ausführlichen wissenschaftlichen Stand widergebe.

Bleiben wir bei dem Beispiel unseres Filmes: Wenn ich annehme, dass unsere Wirklichkeit ein Film ist, bin ich gleichzeitig gezwungen einzusehen, dass es ein Kino gibt und einen Projektor geben muss, der den Film ablaufen lässt.

Was Kino, was Film und was Projektor ist, können wir vergleichen mit dem, was Wirklichkeit und Realität ist.

Die Welt, in unserem Beispiel das „Kino", wird als „transphänomenale Welt" bezeichnet. Das heißt als eine Welt, die als objektiv und bewusstseinsunabhängig beschrieben werden kann.

Die Wirklichkeit „Film" wird in der Realität „Kino", durch das reale Gehirn, den „Projektor" hervorgebracht.

Der reale „Projektor" ist Bestandteil des realen „Kinos". Der so produzierte „Film" ist damit ein Teil des realen „Kinos" und zwar derjenige Teil, in dem wir vorkommen.

Es kann hierbei ein Kino und einen Projektor geben, ohne einen laufenden Film, aber es kann keinen laufenden Film ohne Kino und Projektor geben.

Wenn Sie auf die Abbildung oberhalb dieses Textes schauen, sehen Sie vermutlich ein großes weißes Dreieck, das sich anscheinend vor drei schwarzen Scheiben befindet. Das Weiß dieses Dreiecks kommt Ihnen vielleicht ein bisschen weißer vor als der Rest des Blattes. Dieses Dreieck ist unter dem Namen „ Kanizsa-Dreieck" bekannt, nach dem italienischen Psychologen Gaetano Kanizsa, der in Triest arbeitete.

Konturen wie die des scheinbaren Dreiecks werden oft als „illusorische Konturen" bezeichnet, denn eine wirkliche Kontur ist ja gar nicht vorhanden; was man sehen kann, wenn man die schwarzen Scheiben abdeckt. Das Papier, das man dann sieht, erscheint gleichmäßig weiß ohne eine Kontur. Psychologen zeigen mit einer solchen Figur, wie wenig wir dem, was wir „Sehen" nennen, vertrauen können.

Für mich ist diese Wahrnehmung aber mehr, als „nur" eine optische Täuschung. Es ist ein wichtiger Hinweis darauf, wie das Gehirn unsere Wirklichkeit entwickelt. Aus drei Ecken wird da plötzlich ein Dreieck, wo kein Dreieck ist.

Es zeigt weiterhin, dass ein menschliches Gehirn seine Wirklichkeit zum größten Teil aus Erfahrungen entwickelt. Dieser Gedanke ist für mich nicht neu und es gibt mehrere, durchaus kompliziertere Experimente, die auf breiter Basis belegen, dass Wirklichkeit eben nur zu einem geringen Teil aus dem besteht, was wir mit unseren Sinnen erfassen. Ich habe mich lange und sehr intensiv mit der Entwicklung von Wirklichkeit befasst. Dass die Wirklichkeit in meinem Kopf durch mein Gehirn entwickelt bzw. konstruiert wird, hat für mich mit der Zeit seinen Schrecken verloren. Ich kann mittlerweile die Tatsache akzeptieren, dass die Welt die ich glaube zu betrachten, eben nicht von mir betrachtet wird, sondern wie ein Film ist, der von meinem Gehirn für mich allein produziert wird.

Aber etwas anderes an diesem Dreieck bereitet mir wirklich ein Problem. Obwohl ich weiß, dass oben auf dem Bild kein Dreieck zu sehen ist, sehe ich es immer wieder, sobald ich die Scheiben nicht mehr abdecke.

Einerseits kommt aus meinem Gehirn das Wissen über die Wirklichkeit, andererseits produziert es mir gegen mein Wissen dieses Dreieck.

So oft habe ich versucht, die Dinge in Bilder und Gleichnisse zu setzen, Metaphern genutzt, um zu erzählen, was mich bewegt und auch, was ich erkannt habe aus all den unendlichen Bildern. Immer bewusst, dass ich nicht „ich" selbst bin, sondern nur das Handeln aus Geschichte und unzähligen Bildern aus all jener Zeit, die hinter mir liegt. Endlose Bilder, Stück an Stück aneinandergereiht und zu einem Film in Bewegung gesetzt, ergeben die Geschichten, das Leben, und dies ist bei allen Menschen gleich. Die Bilder allein ergeben den Film - einen Film, der für jeden ein anderer ist.

Auch wenn jeder „Menschenfilm" nicht gleich ist, so gibt es doch eine große Menge an Bildern, die man vergleichen kann. Diese gleichen Bilder sind es, die Menschen zusammenführen, sie in Gemeinschaft bringen und dafür sorgen, dass sie einander ein wenig verstehen und dadurch gemeinsam handeln können.

Ein Leben bringt nie zweimal exakt dieselben Tage hervor. Vielleicht Tage und Stunden, die sich gleichen, aber niemals gleichen sie sich exakt, denn die Zeit verändert all das, was einen umgibt. Auch wenn man fühlt, dass man, zumindest in sich selbst, immer derselbe zu sein scheint, so ist dies nur ein trügerisches Gefühl. Denn nicht nur am Körper mahlt das große

Mühlrad der Zeit, sondern auch am Geist, der untrennbar mit dem Köper verbunden ist.

Dass der Körper gebricht, bringt kaum einen Vorteil im Leben, aber dass der Geist beim Vergehen der Zeit, einem mehr Bilder zur Verfügung stellt, kann durchaus einen Gewinn bedeuten. Dieses Mehr an Bildern könnte man auch Erfahrung nennen.

Wo sind sie die gleichen Bilder in meinen Leben, was sagen sie mir, und sind sie mir Richtung für morgen?

Ein genialer Mensch sagte einmal sinngemäß, von der Erkenntnis und den Geschehnissen von heute auf das Morgen zu schließen, sei im Prinzip richtig. Nur sei dieses Prinzip unter der falschen Voraussetzung geschaffen, nämlich unter der, dass man das Heute tatsächlich benutzen kann.

Mit den Jahren haben mein Gehirn, mein Bewusstsein und sicher auch mein Unterbewusstsein viele neue positive Bilder aufgenommen, die so sehr in mir verankert sind, dass sie viele Bilder aus der Vergangenheit, die nicht immer positiv waren, überlagern.

Sicher ist mir bewusst, dass auch all die Bilder der Unsicherheit und Angst in meinen Film „Leben" gespeichert sind. Dass hin und wieder dann Teile aus meinen Film in meinem Bewusstsein aufgeführt werden, die ich als nicht glücklich erlebt habe, schreckt mich als positiv denkender Mensch schon sehr. Das eigentlich Schwierige an den Bildern der Vergangenheit sind nicht die Bilder allein, sondern vielmehr, dass sie sich mit den Bildern der Gegenwart vermischen und so ein „Jetzt" produzieren, das eigentlich nicht mit meinen Leben übereinstimmt.

Trotz der Tatsache, dass ich diese Vermischung erkenne, kann ich mich, wenn ich mich in dieser Situation befinde, nicht gegen dieses Jetzt wehren. Obwohl ich genau wie beim Dreieck weiß, dass es „nicht da" ist.

Dies zeigt mir, dass es schwer, ja fast unmöglich ist, das Heute und Jetzt zu benutzen, weil es eben die Mischung aus Vergangenheit und Jetzt ist, aber die Vergangenheit kann ich ja nur bedingt benutzen, weil die Geschehnisse, Zeit, Umstände und die Personen der Vergangenheit nicht mehr vergleichbar sind mit dem Heute und Jetzt.

So gesehen kann ich nicht das Jetzt benutzen, um das Morgen, die Zukunft, zu erkennen, denn die Ungenauigkeit, mit der ich verstehen möchte, liegt nicht allein in der Unvorhersehbarkeit der Zukunft, sondern auch in der Ungenauigkeit der Gegenwart.

Das Erkennen dieser Unzugänglichkeit der Gegenwart und Zukunft ist sicher ein Teil von Erkenntnis, die all denjenigen widerspricht, die unverrückbar zu wissen glauben, was heute ist und was morgen sein wird.

Eine Richtung und einen Weg zu bestimmen, beinhaltet immer, zuerst zu wissen, wo ich im Moment bin. Nur so macht es Sinn, die Richtung zu bestimmen.

Bin ich mir nicht sicher, wo ich bin, oder es ist mir unmöglich zu wissen, wo ich bin, bleibt der Weg ungenau. Es ist den Menschen im Großen wie im Kleinen nicht möglich, seinen exakten Standpunkt zu kennen. Niemand kann sagen, wo genau sich unsere Erde im Universum befindet, man hat gewisse Vorstellungen, Ideen und Berechnungen, die es uns ermöglichen, eine Vorhersage zu treffen; diese mag annähernd stimmen oder nicht, sie ist aber auf keinen Fall genau.

Doch wie bei allen Erkenntnissen ist es so, dass sie einem das Leben und die Sicht nicht einfacher und klarer machen, sondern genau das Entgegengesetzte bewirken.

Mit Erkenntnis beladen, muss man sich nun der Gegenwart und Zukunft stellen, jeden Tag aufs Neue der Welt entgegentreten. Erklären, planen, glauben und sich bewegen in einer Zeit, in einem Raum, von dem man im Innersten längst verstanden hat, dass alles nicht so ist, wie man es sich vorstellt, wie es scheint und erst recht nicht so ist, wie viele andere es erleben oder besser, erleben möchten.

Oft weiß ich nicht was mich mehr bedrückt: Das Erkennen der menschlichen Grenzen, also der Grenzen die unüberbrückbar bleiben, so sehr man auch an die Macht der Wissenschaft glaubt, oder das der Menschen, die all dies nicht sehen oder nicht sehen wollen.

Diejenigen, die glauben, elementare Gesetze der Natur auszutricksen zu können, sie also mit ihrer Vorstellung außer Kraft zu setzen, verstehen oft nicht, dass sie gefangen sind in sich selbst; dass alles, was sie erleben, nichts anderes ist als ihr Film des Lebens. Sie verstehen auch nicht, dass es egal ist, an welchem Ort sie sind.

Kein Film wird wirklich besser allein dadurch, dass ich die Leinwand oder den Bildschirm austausche.

Wenn mein Film „Leben" traurig und unglücklich abläuft, hilft die neue Leinwand nichts. Auf den ersten Blick vermag eine neue bessere Leinwand den Film zu verbessern, dies ist aber nur eine kurze Verbesserung. Habe ich mich an die neue Leinwand gewöhnt, werde ich sehr bald erkennen, dass mein Film immer noch derselbe ist.

Um wirklich Veränderung zu erreichen, muss ich meinen Film, meine subjektive Wirklichkeit verändern. Ein guter Film bleibt letztlich immer gut, gleich auf welchem Bildschirm oder auf welcher Leinwand er abläuft. Wobei natürlich ein guter Film auf einer guten Leinwand das Ideal darstellt.

Was will ich mit diesem Beispiel erklären? Sehe ich die Welt, die mich umgibt, aus meiner subjektiven Wirklichkeit heraus als schlecht oder feindselig, als mich nicht glücklich machend, und bin mit dieser Wirklichkeit unzufrieden, nützt es mir nichts, dass ich den Ort und die Umwelt, die mich umgibt, ändere.

Ein schöneres, größeres Haus auf einem schöneren Grundstück, das bessere, größere Auto, die edlere, ausgefallene Kleidung, eine neue exotische Religion, oder auch der andere Mensch, mit dem ich mich umgebe, sind nichts anderes als die neue Leinwand, der bessere Bildschirm. Habe ich mich an all die neuen, besser erscheinenden Dinge in meiner Umwelt gewöhnt, werde ich feststellen, dass mein Film immer noch derselbe ist.

Den Ort zu wechseln, ist, als ob ich ein Kino verlasse und in ein anderes gehe. Das mag ein wenig bequemer sein oder auch nicht, aber das Entscheidende ist, dass der Film immer derselbe bleibt, bleiben muss.

Zu ahnen, wie der ureigene Film abläuft, gehört sicher zu dem süßen Teil des Lebens, der so etwas wie Erkenntnis und ein wenig Weisheit mit sich bringt und nicht zuletzt eine gewisse Gelassenheit ins hektische Leben.

Denken, in diesem Bereich seines Lebens, das Suchen in Gegenwart und Vergangenheit nach den Spuren der Richtung seines Lebens, um vielleicht die Zukunft zu spüren, einen Blick zu erhaschen auf das, was das Leben für einen bestimmt, ist und bleibt schwierig. Es lässt aber auch so etwas wie Ahnung zu.

Aber diese Ahnung lässt einen erkennen, dass man bei allem großen Glück und bei aller Zuneigung und Erfolg, allein ist. Allein, gefangen in seinem Film, produziert vom eigenen Gehirn, aus seiner eigenen Geschichte, die andere so leicht „das Leben" nennen.

Erfolg

Das Streben nach Erfolg findet man in allen Kulturen und Ländern und es scheint den Menschen angeboren zu sein. Was im Endergebnis als erfolgreich bewundert wird, ist aber im höchsten Maße unterschiedlich und sogar gegensätzlich.

Was erfolgreich ist, bestimmt in großem Maße das Wertesystem einer Gesellschaft und deren Kultur und nicht zuletzt ihre Religion. Die Auswirkungen auf die Entwicklung der Menschheit sind unterschiedlich stark und bestimmend.

Was nun Erfolg ist, kann man nur schwer oder gar nicht klar definieren. Für den einen ist das Erreichen eines Schulabschlusses ein Erfolg, für den anderen das freie Leben auf der Straße, ohne Arbeit und Verantwortung - irgendwie haben beide recht.

In unserer Gesellschaft ist Erfolg meist unmittelbar mit Geld, Reichtum und Macht verbunden.

„Nur, wo Leben ist, da ist auch ein Wille: Aber nicht der Wille zu leben, sondern der Wille zu Macht", ist ein Zitat von Friederich Nietzsche, der das Streben nach Macht als ein Naturgesetz ansah.

Jeder kennt in seinem Leben und Berufsumfeld die Hierarchien, die einem Außenstehenden nicht gleich ins Auge fallen.

So muss man schon selber beim Militär gewesen sein, um auf Anhieb an den Schulterklappen eines Soldaten seinen Rang zu erkennen. Noch schwieriger wird es, für einen Außenstehenden, an der Farbe des Kürzels auf dem Aktendeckel zu erkennen, ob es nun ratsam ist, diese Unterlagen schnell und gut zu bearbeiten, weil sie vom Vorgesetzten kommen, oder ob man sie, weil vom Gleichgestellten stammend, den Mühlen der Bürokratie zuführt.

Von einem Arzt erfuhr ich, dass man anhand der Arztkittel und hier speziell an den Kitteltaschen erkennt, wen man vor sich hat. Chefarzt heißt leere Taschen, volle Taschen findet man nur beim Stationsarzt.

Wir alle kennen die Machstrukturen, die unser Leben beeinflussen. Erfolg ohne Anerkennung ist kein richtiger Erfolg. Allerorts gibt es Gelegenheiten, Erfolg zu erringen. Was man nicht im Beruf erreicht, kann man immer noch im Privaten nachholen.

Nicht zuletzt gleichen Vereinsstrukturen den Hierarchien von Unternehmen: Vorstände, hier wie da. Aber nicht allein Geld ist der Maßstab für Erfolg. Es reicht schon, dass die anderen glauben, man sei erfolgreich. Statussymbole: wie Auto, Haus, Auftreten und Kleider machen auch heute noch Leute. Ich möchte behaupten, sogar mehr als zu vergangenen Zeiten.

In der Frankfurter Polizeiordnung von 1576 über das Tragen bestimmter Kleidung, ist das Hervorheben durch Kleidung noch deutlich geregelt. Hier steht geschrieben „Keine Weibsperson oder Jungfrau soll bei Strafe von 10 Gulden einen Rock oder Mantel aus goldenem oder silbernen Tuch oder Samt tragen und an Kleidern weder Perlen noch goldene oder silberne Stickerei anbringen lassen." Eine Dame oder ein Herr „von Stand" konnte sich also mit wenigen Kleidungsstücken hervorheben.

Das Recht auf Garderobe ist heute für alle gleich. Somit ist sie als Symbol der Erfolgreichen nicht mehr allein gefragt. Die Perlen und silberne Stickereien heißen heute Joop, Gucci oder Lagerfeld. Die Grafen, Fürsten und Herzöge heißen heute Art Director, Chairman, Vorstandsmitglied oder Produktmanager - am bestem mit Doktor oder Diplom.

Dies auf ein kleines Stück Pappe, sprich Visitenkarte, geschrieben, flößt mehr Respekt ein, als die glänzenden Schwerter und Dolche der alten Grafen und Ritter. Entscheidend ist heute auch fast nicht mehr, was man für ein Auto fährt, sondern, wo es steht. Was nutzt der PS-starke Mercedes oder BMW, wenn er in der Masse des Mitarbeiterparkplatzes untergeht?

Der Erfolgreiche hat nicht nur das passende Auto, sondern er darf auch innerhalb der Werksmauern parken. Derjenige, der über einen eigenen persönlichen

Parkplatz verfügt, gehört zu den Erfolgreichsten, wobei eigentlich gleich ist, mit welchem Wagen man diesen Platz besetzt.

Ein weiteres Gewand, mit dem Erfolg demonstriert wird, ist das Büro oder der Arbeitsplatz. Je größer das Büro und der Drache, der es bewacht, desto höher der Rang.

Es ist nicht die Frage in diesem Buch, ob dies gut oder schlecht ist für eine Gesellschaft, sondern die Frage was dieser Erfolg für einen Wert hat, für einen selbst und für andere.

Diese Erfolgreichen mögen durch ihren Lebensweg und ihre Karrieren oft Vorbild und Beispiel für die sein, die den Erfolg werten. Bei der Bewertung von Erfolg dienen gerne bekannte erfolgreiche Vorbilder.

Vom Außenminister bis steinreich können Sie alles werden. So wird es oft in den Ratgeberbüchern beschrieben. Dies meine ich keineswegs abwertend oder verächtlich, denn, wenn auch nur einer mit Hilfe dieser Bücher Erfolg hat, ist dieses wieder ein Erfolg. Hier sind die Wege allerdings sehr unterschiedlich und vielschichtig und im höchsten Maße individuell.

Es ist auch nicht immer gesagt, dass Erfolg einen Menschen verdirbt, denn viele der Erfolgreichen, von denen wir hier sprechen, waren vor ihrem Erfolg schon unerträglich.

Evolution

Der Mensch ist nicht zu einem Dasein im Schlaraffenland geboren. Mehr als wir es wahr haben wollen, werden wir von unseren Trieben und unserem Unterbewusstsein geleitet. Milliarden Jahre Evolution, die uns dahin gebracht haben, wo wir heute sind, können wir nicht durch ein paar tausend Jahre Kultur und Zivilisation überdecken oder vergessen lassen.

Unter dem Aspekt der Evolution schrumpft die Zeit zwischen den Anfängen der Menschheit und dem heutigen "Kulturmenschen" zu einer vernachlässigbaren Größe zusammen.

Mögen die meisten Sozialwissenschaftler meinen, dass wir noch immer zu viel arbeiten müssen und zu wenig Freizeit haben, so sagen die Evolutionsbiologen, dass der Mensch auf Anstrengung und den Einsatz seines Triebs und Aktionspotential programmiert ist.

Der Mensch ist ein Produkt der Evolution mit ausgeprägtem Trieb- und Instinktsystem. Sein Großhirn befähigt ihn, dieses zu reflektieren.

Das evolutionäre Erbe des Menschen besteht nicht nur aus seiner Anatomie, seinen Körperformen, Bewegungsorganen und Sinnesorganen. Es umfasst auch bestimmte vorprogrammierte Verhaltensdispositionen.

Zu diesen instinktiven Verhaltensdispositionen gehören Triebe, wie der Nahrungstrieb, Sexualtrieb, Neugierdetrieb und die dazugehörigen "Werkzeuginstinkte" wie Laufen, Saugen, Beißen, Greifen usw.

Auch Ausdrucksweisen wie Lachen, Weinen, Schmollen und Drohen sind dem Menschen angeboren.

Der Mensch hat aber auch durch die Evolution ein Großhirn entwickelt, das es ihm ermöglicht, sein triebhaftes Verhalten zu beherrschen und in gewissen Maßen zu steuern. Er kann, wenn er Hunger hat, die Gabel einmal weglegen, er kann aber auch, wenn er keinen Hunger hat, des Genusses wegen, noch weiter essen. Der Mensch kann seine Aggression beherrschen, er kann sich zurückhalten; er kann aber auch andere Menschen quälen oder foltern.

Das gesamte System der spontanen Triebe und Instinkte hat sich bei Tier und Mensch der Umwelt angepasst; es steht, wie man auch sagen kann, mit der natürlichen Umwelt im Gleichgewicht. Es wird so viel Laufpotential erzeugt, wie man zum Überleben braucht und es wird so viel Aggressionsenergie erzeugt, wie man zum Kampf um Nahrung und Fortpflanzung braucht. Evolutionär gesehen ist es sogar zweckmäßig einen Überschuss an Triebenergien zu produzieren: Das Überleben wird eher garantiert, wenn ein Überschuss eingesetzt werden kann, als wenn das vorhandene Triebpotential nicht ausreicht.

Die Kraft des Willens hat Menschen zu außergewöhnlichen Dingen getrieben, ob sie nun einen Nobelpreis bekommen oder als erster den höchsten Berg der Welt bestiegen haben. Die Geschichte der Menschheit ist voll von diesen außergewöhnlichen Erfolgen. Neurobiologen und Hirnforscher wie Gerhard Roth, haben aufgrund ihrer Erkenntnisse und Versuche ein klares Bild darüber, wie es zu diesen Leistungen kommt. Ein starker Wille gehört nach Roth zur Persönlichkeit und zum Charakter eines Menschen. Er kommt langsam, aber doch früh zum Ausdruck und ist nicht zu verwechseln mit der bloßen Absicht, irgendetwas zu erreichen. Vielmehr müssen bei einem starken Willen über viele Jahre „dominante Denkprozesse mit motivationalen Zuständen in Einklang gebracht werden", das heißt, es müssen sich spezifische Belohnungsmuster entwickeln.

Dabei, sagt Roth weiterhin, sei es völlig gleichgültig, welche Ziele das sind: der Nobelpreis oder ein entsagungsvolles klösterliches Leben.

Sehr „willensstarke" Menschen sind demnach überhaupt nicht frei, sondern „von ihren Zielsetzungen getrieben, mit deren Erreichen sie sich belohnen wollen."

Es ist die Aussicht auf diese besondere Belohnung, nicht der freie Wille, der Menschen zur Höchstleistung antreibt. Was noch nicht eindeutig erklärt wird, ist, was geschieht, nachdem ich diese besondere Belohnung erhalten habe.

Deutlich tritt der Zusammenhang zwischen Erfolg und Macht da auf, wo das Streben nach monetären Dingen auf einem Niveau bleibt, das nicht dazu geeignet ist, sich besondere Wünsche und Träume zu erfüllen. Dies ist sehr ausgeprägt in der Politik.

Die Diskussion darüber, ob unsere Volksvertreter zu viel verdienen ist lächerlich und unehrlich. Den Aufwand und die Zeit, die ein Abgeordneter aufbringen muss, steht in keiner Relation zu dem, was er an Diäten bekommt. Hier kann jeder heute im Internet unter „bundestag.de" nachlesen, was ein Abgeordneter verdient.

 Stelle man sich einmal vor, die Löhne und Gehaltsliste von Unternehmen wie Daimler oder Bayer würde veröffentlicht - ein kaum vorstellbares Szenario. Eine Welle von Neid und Missgunst würde diese Unternehmen durchziehen. Sicher verdienen Abgeordnete mehr als ein Großteil der Bevölkerung, aber ob ein Großteil der Bevölkerung auch bereit wäre, die Pflichten und Verpflichtungen eines Volksvertreters mit all den Terminen, die zu großem Teil ja fremd-bestimmt sind, zu übernehmen, das bezweifele ich.

Dazu kommt noch, dass sie im Grunde immer nur einen Vertrag für 4 Jahre haben.

Sehr trefflich brachte dies der Ex-Juso Wolfgang Roth in einem Spiegel-Interview zum Ausdruck. Roth, der vom Bundestag in die Spitze der Europäischen Investitionsbank in Luxemburg wechselte, sagte: „Wer ökonomisch denkt, ist völlig beknackt, wenn er in den Bundestag geht."

Das, was diese Menschen anzieht, ist die Macht und all ihre Nebenerscheinungen. Es ist nicht allein das Gefühl, nah an der Macht der Staatsführung zu sein, und sich einen Platz in der Geschichte zu sichern, es geht auch um die Macht und Insignien des täglichen Lebens.

Was dem Unternehmer oder dem leitenden Angestellten sein Parkplatz, ist den Politikern der Fahrdienst und ihre Bodyguards in Form von Polizei und Grenzschutz. Auch hier ist eine deutliche Machthierarchie zu erkennen.

Einen Fahrdienst mit Chauffeur in einer Luxuslimousine kann sich so mancher Wohlhabende leisten, aber die Sonderausstattung mit Blaulicht und die straffreie Missachtung der Verkehrsregeln kann nur ein erfolgreicher Politiker in Anspruch nehmen.

Erfolg ist alles. Erfolg ist cool. Die Mittel zum Erfolg werden wenig daraufhin überprüft, ob sie anderen schaden. Erfolg soll sich, wenn es geht, sofort einstellen. Schnell taucht sonst Unlust auf und man wendet sich etwas Erfolgversprechenderem zu.

In einer Sache Erfolg zu haben, heißt nicht wirklich, dass man diese Sache auch kann. Vermeintlich genügt die bloße Behauptung oder der äußere Schein.

Das bringt mich nochmal zurück zu den Zielen, denn sie sind verantwortlich dafür, in welche Richtung unsere Tätigkeit gerichtet wird. Hierbei sind nicht so sehr die Art der Ziele oder die Ziele selbst das Entscheidende, eher ist ausschlaggebend, woher diese Ziele kommen. Wer oder was gibt mir Ziele vor?

Als erstes werden Ziele von der unmittelbaren Umwelt gestellt, wie den Eltern, Geschwistern, Freunden, die einen unmittelbar umgeben.
In einer von Medien aller Art überlagerten Gesellschaft werden, mittels Information oder Desinformation, auch Ziele übermittelt. Natürlich waren und sind diese Ziele von Konventionen und gesellschaftlichen Normen stark beeinflusst. Dazu kommt heute noch der Einfluss der sogenannten sozialen Medien im Internet. Mit Zielen, die immer und immer wieder vorgeführt werden.
In erster Linie werden mit Erfolg Lebensqualitäten verbessert. Doch Freude, Lust und Erfolg bringen auch einen negativen Aspekt mit sich, denn sie können süchtig machen. Dann wird das Selbst zum Gefangenen einer bestimmten Ordnung und unwillig, sich selbst den Zweifelsfällen des Lebens zu stellen.

Die große Konzentration auf ein Ziel, auf den Erfolg, die in fast allen Fällen so absolut fesselnd ist und es auch sein muss - sofern ich ein Ziel vor Augen habe, das mit besonderen Anstrengungen verbunden ist - lässt keine

Aufmerksamkeit auf die Zukunft, die Vergangenheit oder andere vorrübergehende Reize zu.

Ein Thema, das unter anderem aus dem Bewusstsein verdrängt wird, an das wir im normalen Leben öfter denken, ist das eigene Selbst.

Das Streben nach Erfolg wird dann leicht allem anderen untergeordnet und dient zu Erklärung für mein Handeln und Tun. Hierbei geht eine Reflektion der eigenen Person oft verloren. Das Streben nach dem Erfolg wird leicht zur Selbstverständlichkeit und Allgemeingültigkeit erklärt. Schnell vergisst man, dass der Erfolg, den ich selbst anstrebe, durchaus nicht der Erfolg ist, den alle Menschen anstreben, obwohl man selbst das Gefühl hat, es handle sich um einen allgemein gültigen Weg.

Glück und Erfolg

Der überwiegende Teil der großen Literatur, Romane, Filme, Geschichten ist voll von Gewalt, Kämpfen, Unglück, Katastrophen und Dramen - und das nicht erst seit kurzer Zeit. Wenn die Geschichten dann einmal gut ausgehen, sind sie, wie das Wort „Happy End" schon sagt, zu Ende.

Kein Mensch erfährt, was aus den ganzen Dornröschen und Schneewittchen geworden ist, die auf ihren dramatischen und leidvollen Wegen letzten Endes ihren Prinzen bekommen haben. Wo ist Old Shatterhand geblieben, und was macht eigentlich Robinson Crusoe, nachdem er aus der Tragödie der Immigration gerettet wurde?

Jeder kennt auch die Szenen, wie die Hauptdarsteller dem Sonnenuntergang glücklich vereint entgegengehen. Kein Wort und keine Ahnung, was danach kommt, und ob sie nun bis zu ihrem Lebensende glücklich sind. Was aus Romeo und Julia, Faust sowie Winnetou wurde, ist klar und ohne weitere Frage.

Da werden Hunderte von Seiten mit Hindernissen Problemen und Widerständen aller Art gefüllt und am Ende steht ein Satz: Sie lebten glücklich und zufrieden bis an ihr Lebensende.

Stundenlang hat man gebannt mit seinem Kinohelden mitgelitten und gestritten und das alles, um ein paar Sekunden Sonnenuntergang mit gefühlvoller Musik oder Ähnlichem im Abspann zu sehen und der Frage, wie es weitergeht. Wieder leben sie glücklich bis an ihr Lebensende, aber wie?

Sicherlich gibt es Berichte, Bücher und Lehren, in der Art, wie es Bob Eaton zum Chef des Chrysler Autokonzern gebracht hat, zu Genüge. Aber wie er mit seinen 70 Millionen Dollar Abfindung bei der Übernahme von Mercedes Benz und damit mit dem Verlust seines Arbeitsplatzes glücklich wurde, das verschweigt man. Oder ist es möglich, dass er trotz, oder sogar wegen seiner 70 Millionen Dollar, gar nicht glücklich ist? Ich würde ihn gerne fragen.

Was ist geworden aus allen Olympiasiegern und Weltmeistern, nachdem man ihnen ihre Medaillen umgehängt hat und sie die Stadien längst verlassen hatten, damit wieder neue Athleten gefeiert wurden?

Was wurde aus all den Stars, die einen Oscar bekommen haben? Sind sie alle durch ihre Erfolge glücklich?

Die meisten von uns waren schon einmal verliebt und kennen dieses Gefühl der Euphorie. Leicht und voller Glück schreitet man durchs Leben, man ist sich sicher, den Menschen fürs Leben gefunden zu haben, vielleicht heiratet man und irgendwann, mit dem einsetzenden Alltag, vergeht das Verliebtsein. Vielleicht reicht die Liebe und Gewohnheit aus, um sein Leben weiter gemeinsam zu verbringen, aber schon der kleinste Traum oder nur die Fantasie, einen anderen Partner zu begehren, bedeuten, dass ich nicht restlos glücklich bin.

Die meisten Ziele sind am Anfang Träume, die wir in Pläne umsetzen und dann schreiten wir zur Tat, um sie zu erfüllen. Ziel unklar und doch erreicht.

Der Weg zum Erfolg wird oft mit dem Erfolg selbst verwechselt. Fragen wir Menschen nach ihrem Erfolg oder Glück, beginnen sie damit, zu erzählen wie sie erfolgreich und glücklich wurden - und nicht davon, wie es ist, und wie sie sich dieses Glück bewahren.
Sehr schnell merkt man, dass es unausweichlich ist, erst über den Weg zum Erfolg zu sprechen, bevor man die Veränderungen an der eigenen Person durch Erfolg und Glück betrachten kann.
Die Wege zum Erfolg und Glück sind sehr unterschiedlich, trotzdem gibt es häufig Übereinstimmungen.
Erfolg und Glück sind oft das Resultat eines „Fehltritts in die richtige Richtung", so lautet eine weit verbreitete Behauptung.
Es stellt sich die Frage, mit was für Zielen Menschen ihren Erfolgsweg begonnen haben. Bei den wenigsten ist es so, dass schon früh im Leben das Ziel definiert ist, das sie später erreichen.
Der weitaus überwiegende Teil der Menschen hat sich irgendwann an einem ausgesuchten Startpunkt

befunden, von dem aus das persönliche Weiterkommen als erfolgreich erachtet wurde. Von dort aus wird Ziel für Ziel definiert und erreicht. Erfolg entstand durch Erreichen von kleinen, fast täglichen Zielen. Wobei meistens eine einmal eingeschlagene grobe Richtung eingehalten wurde. Dies bedeutete nicht unbedingt, dass man das fortsetzte, was man in früheren Jahren einmal begonnen hatte.

So kann aus einem Friseurlehrling ein renommierter Betriebswirt und Banker, und aus einem Buchhändlerlehrling ein Jurist und äußerst erfolgreicher Politiker werden, um nur einige Beispiele aus meinen Erfahrungen zu nehmen.

Oft wird Erfolg als ein Weg, der sich im Nebel befindet, beschrieben, und das Ziel lag immer dort, bis wohin man noch sehen konnte. Von diesem Ziel ging es zum nächsten und so weiter. Jedes Erreichen eines dieser Ziele war mit einem Erfolg verbunden; ein Erfolg jagte den nächsten.

Ganz gleich, wie erfolgreiche und glückliche Menschen mit Erfolg und Glück umgehen und dies empfinden, eines haben die Zweifelnden und die Angekommenen gemeinsam: Sie wollen und sie müssen ihre Zukunft ausfüllen. Noch mehr Erfolg ist hier oft nicht die Antwort. Andererseits fällt es diesen Menschen schwer, stehen zu bleiben.

Die Anforderungen sind aber an diesem Punkt hoch und widersprüchlich und oft noch komplizierter als für die

Menschen, die ihr Leben voller Träume haben, auch wenn sie kaum in der Lage sind, sie zu erfüllen.

Die Frage, was geschieht, wenn meine Träume in Erfüllung gehen, oder wenn sie schon in Erfüllung gegangen sind, was bleibt.

Wenn Glück eintritt, beginnen wir sehr leicht damit, dem Glück zu misstrauen.

Aber halt! Warum nicht einfach glücklich und zufrieden sein? Das klingt leicht, ist es aber nicht.

Es geht auch nicht darum, was Menschen erleben, wenn sie unverhofft Glück haben, das sich oft schon dadurch ergibt, dass sie einem Unglück entkamen.

Das Flugzeug, das ich verpasste, weil ich verschlafen habe, stürzt ab und alle kommen ums Leben. Sicher kann man das als Glück bezeichnen, aber es reicht nicht, um den Rest des Lebens glücklich zu sein.

Der Philosoph Arthur Schopenhauer war der Ansicht, dass „Glück die Abwesenheit von Unglück" ist. Dieses würde, im Zusammenhang von Erfolg und Glück das Vermeiden von Misserfolg gleichsetzen mit Erfolg. Wobei ich denke, dass Erfolg stark geprägt wird vom Misserfolg.

Entdeckungsreise

In jeder Kultur gibt es Regeln über den „richtigen" Abstand, den man einem Fremden gegenüber en face einzunehmen hat.

Wie viele andere Regeln, für das Verhalten in einem Wirklichkeitsrahmen, ist diese Regel rein unterbewusst in uns verankert. In diesem Buch möchte ich versuchen, die richtige Distanz zueinander zu finden. Nahe genug herangehen, um Aufmerksamkeit zu wecken, aber mit genug Abstand, um nicht aufdringlich oder, ja, dogmatisch zu erscheinen.

So, wie ein Gespräch meistens ein Thema hat, muss dieses Buch auch ein Thema haben.

Bei der Suche nach Texten und Geschichten fand ich die Lösung in einem noch nicht fertiggeschriebenen Buch, das sich mit sehr unverständlichen Dingen in der Physik beschäftigt. Dieses Buch beginnt mit dem Satz des französische Schriftstellers Marcel Proust: „Die besten Entdeckungsreisen macht man nicht in fremde Länder, sondern indem man die Welt mit neuen Augen betrachtet."

Der Satz spiegelt das wieder, was ich immer als Ursprung meiner Idee sah.

Er ist erlebte Wirklichkeit, jetzt und unmittelbar, mit all dem, was man sieht, wenn man, im wahrsten Sinne dieser Worte, die Welt neu betrachtet. Und es macht noch einmal einen großen Unterschied, wenn es die ureigene Welt ist oder eine andere, eine „öffentliche Welt".

Denn die eigene Welt ist die einzige, die man hat, mit all ihren schönen und hässlichen Gesichtern, mit dem riesigen Spektrum der Gefühle und der damit einhergehenden Wahrnehmung.

Dieses ist die Klammer, das Thema, die Welt mit anderen Augen zu betrachten, in diesem Fall mit meinen.

Die Welt mit anderen Augen sehen, ist aber sehr viel schwieriger, als man im ersten Moment glaubt. Denn das gehört zu den Dingen, die Menschen nur bis zur einer bestimmten Grenze können.

Niemand kann in den Kopf eines anderen schauen und somit auch nicht seine Augen benutzen.

Selbst wenn man es könnte, man würde nichts mit den Bildern, die man fände, anfangen können; sie wären, im wahrsten Sinne, unlesbar wie eine fremde Sprache.

Wenn man die Welt mit anderen Augen sehen möchte, braucht man eine gemeinsame Sprache, denn Gedanken, Eindrücke und Wahrnehmungen kann ich in erster Linie über Sprache mitteilen.

Die Bilder in meinem Kopf werden in Sprache umgewandelt und dann mit den umgewandelten Bildern eines anderen Menschen verglichen.

Je genauer ich nun in der Lage bin, die Bilder aus meinem Kopf in Sprache „zu gießen", desto genauer kann sie ein Anderer sehen.

Eine komplexe Sprache fließend zu beherrschen, ist eine typisch menschliche Fähigkeit. Wir sind in der Lage, Worte zu verwenden die nicht nur Objekte und Ereignisse draußen in der Welt, sondern auch abstrakte Begriffe bezeichnen können. Diese Fähigkeit zieht eine weitere typisch menschliche Eigenschaft nach sich: Unsere fast grenzenlose Fähigkeit zur Selbsttäuschung.

Die Natur unseres Gehirns selbst macht es fast unausweichlich, dass wir oft, besonders dann, wenn es um sehr abstrakte Dinge geht, voreilig falsche Schlüsse ziehen.

Ich betrachte die Welt in den unterschiedlichsten Bereichen mit meinen Augen und gieße sie in meine Sprache. Diese Welt sollte nun mit den eigenen Bildern verglichen und die Dinge entdeckt werden, die aus dem eigenen Blickwinkel bis jetzt noch nicht betrachtet wurden.

Wie auch immer beschreiben diese Gedanken und Betrachtungen meine Wirklichkeit. Die Beschreibung ist jedoch nicht allein eine rein sachliche Betrachtung, sondern beinhaltet selbst Erlebtes und dessen emotionale Beurteilung.

Soll und Haben

Wer sein Leben lang damit beschäftigt war, seine Existenz in der Welt dadurch zu sichern, zu beschreiben und monetär auszustatten, indem er einen kaufmännischen Beruf ausgeübt hat und dies als seine Wirklichkeit akzeptiert, jemand, der alle seine Wünsche und Träume auf diese Basis gestellt hat, um dann plötzlich mit einer neuen Wirklichkeit konfrontiert zu werden, erlebt einen erheblichen und tiefgehenden Wertewandel.

Wenn man auf diesem neuen Weg, in dieser neuen Wirklichkeit, all das findet, was man eigentlich auf dem alten Weg finden wollte und sich sehr sicher war, dieses auch dort zu finden, erlebt man einen Wirklichkeitsschock, dessen Nachbeben man auch nach Jahren noch spürt.

Dass man den einmal eingeschlagenen Weg zu Zufriedenheit und Glück verlassen kann, ja, vielleicht sogar muss, um sein Ziel zu erreichen, ist für die meisten eine schwere Erkenntnis.

Das Aufspringen auf das Karussell von Soll und Haben ist einfach und schnell gemacht. Mit der Zeit dreht sich dieses Karussell schneller, ohne dass man wirklich

Einfluss auf die Geschwindigkeit hat. Damit wird das Abspringen immer schwerer.

Es ist so, dass man zwar einen Krieg beginnen kann, wann man will, aber nie beenden kann, wenn man will. Diese Welt aus Soll und Haben ist eine glänzende, faszinierende und komplizierte Welt. So kompliziert und faszinierend wie die Welt des Handels auch, und ihre Akteure sind ebenfalls voller Widersprüche. Unternehmer, Manager, leitende Angestellte, Unternehmens- und Finanzjongleure, Glücksritter, Stars und Verlierer in wechselnden Rollen machen sie faszinierend und interessant.

Da diese Welt viel größer ist, als man gemeinhin glaubt, bietet sie eine weite Plattform und eine große Zahl von Geschichten und Menschen, und irgendwie sind wir fast alle in unserer Gesellschaft mit ihnen verbunden oder unterliegen ihrem Einfluss.

Unterhalb der in der breiten Öffentlichkeit stehenden Stars und Sternchen, gibt es eine große Zahl von Akteuren die großen Einfluss auf die Welt von Soll und Haben besitzen, ohne aber einer breiten Öffentlichkeit bekannt zu sein.

Das Ringen um Erfolg und Macht und einen damit oft einhergehenden Kampf ums Geld, musste ich soweit beiseite drängen und durch ein Wertesystem ersetzen, das mir erlaubte, jenseits von Soll und Haben zu sein, aber eben auch nicht so weit davon entfernt, dass ich den Zugang zu ihren Akteuren verlieren könnte.

Nun wechselt man sein Wertesystem nicht wie sein Hemd, und genauso wenig seine Strategie, wenn man merkt, dass man mit ihr nicht sein Ziel erreicht, was immer das Ziel war.

Mein Ziel, Glück und Zufriedenheit zu erreichen, war immer an die Welt von Soll und Haben gekoppelt; dass ich dieses Ziel unerwartet und plötzlich, außerhalb und unabhängig von dieser Welt fand, machte es mir überhaupt erst möglich, mein Wertesystem zu ändern. Wobei ich heute weiß, dass mein heutiges Wertesystem meiner eigentlichen Wirklichkeit und meinem autotelischen Selbst entspricht.

Nach meiner Meinung war ich aus Berufung und tiefer Überzeugung Kaufmann geworden. Der Umgang mit Mensch und Ware hat mich fasziniert. Verkäufer, und das habe ich eigentlich sehr früh begriffen, sind alle in erster Linie Schauspieler.

So ist Handel, im Großen und im Kleinen, auch heute noch fast wie ein Theaterstück. Die Bühnen sind Geschäfte, Messen, Börsen und Handelszentralen. Die Geschichten sind Produkte und Dienstleistungen jeder Art und Größe. Der Endverbraucher, der dieses Theater bezahlt, sieht nur einen kleinen Ausschnitt aus dem Theaterstück.

Schon sehr früh habe ich mich neben dem, was da im Geschäft abläuft, auch für die Menschen interessiert, die es betreiben, und zwar mehr, als nur über die Frage hinaus, wie der eine oder andere erfolgreich und wohlhabend wurde.

Die Spieler dieser Stücke weckten zunehmend meine Aufmerksamkeit. Vielleicht erscheint dem einen oder anderen der Ausdruck „Spieler" doch etwas missbilligend zu sein, angesichts von Millionen und Milliarden Geschäften und Tausenden von Arbeitsplätzen, doch es ist und bleibt ein Spiel - zugegeben mit hohem Einsatz.

Meine zweite große Leidenschaft ist die Welt, die uns umgibt, im Kleinen und Großen, soweit wir Menschen sie begreifen können.

Schon sehr früh habe ich diese Welt auf Papier niedergeschrieben, obwohl ich eine große Rechtsschreibschwäche habe, oder vielleicht auch gerade darum.

Wie weit zurück das reicht, zeigen meine ersten Gedichte und Geschichten, die ich noch mit einer Schreibmaschine geschrieben habe. Man kann sich vorstellen wie das aussah, bei meiner Rechtsschreibschwäche, aber meine miserable Handschrift war keine Alternative.

Der technische Fortschritt hat meinem Schreiben eine neue Welt eröffnet. Als die ersten Kleincomputer auf den Markt kamen, durfte ich einen C64 mein Eigen nennen. Während andere eine große Sammlung Spiele hatten, besaß ich nur ein Programm - den Vorläufer des heutigen Word. Ich sage es nicht so gern, aber ich muss zugeben, ich hatte auch noch ein zweites Programm: Es war Excel, das zu der Zeit noch Multiplan hieß.

Zu der Zeit war mir aber nicht bewusst, wie viel Verbesserung in kaufmännischen Dingen Excel bringen würde, aber auch nicht, welchen Schaden man damit anrichten kann.

Während die anderen sich also mit den ersten Autorennen und Abenteuerspielen am Computer die Nächte um die Ohren schlugen, machte ich, ebenfalls berauscht von der Technik, die Nacht zum Tage, indem ich nun endlich den unzählbar erscheinenden Worten in meinem Kopf eine Heimat geben konnte. Alles ging viel schneller.

Wenn ich mich mit meinen Freunden dann am Morgen traf, sah man in den Gesichtern die Zeichen der Nacht. Die einen, mit der Zufriedenheit wieder mal den Highscore in irgendeinem Spiel geknackt zu haben, und ich mit der Befriedigung, viele Gedanken in Worte und letztlich zu Papier gebracht zu haben. Das erste Papier, das ich in dieser Zeit benutzen konnte, war Thermopapier, für einen Drucker, den ich mir leisten konnte. Man sprach zwar schon von Druckern, die normales Papier benutzen können, aber das war noch Zukunft. Indem ich das beschreibe, wird mir deutlich, wie alt ich eigentlich bin.

Aber neben auf dem Papier Gedrucktem, das sehr empfindlich war (Thermopapier verblasst sehr schnell), hatte ich meine Gedanken nun auf eine Diskette gebannt, eine aus Papier, die viele sicher gar nicht mehr kennen.

Nun war ich in der Lage, natürlich lange noch nicht so wie heute, an jedem Ort und zu jeder Zeit meine Gedanken niederzuschreiben und die Nächte, unter dem Dach in meiner sauerländischen Heimat, gaben mir die Zeit, die ich brauchte.

Immer hat mich die Frage beschäftigt, was geschieht mit den Menschen, den Spielern an sich, und was passiert hinter den Kulissen des Theaterstücks.

Lange bevor ich meine Lehre als Kaufmann begann, war ich jedes Jahr von der Kirmes, die in unserer kleinen Stadt zu Pfingsten stattfand, begeistert.

Die Buden und Fahrgeschäfte waren nicht allein auf einen Platz beschränkt, sondern zogen sich durch die ganze Hauptstraße der Stadt. Immer, wenn ich einmal alle Buden und Fahrgeschäfte abgegangen war, meine Freunde sich auf irgendein Karussell stürzten, ging ich noch einmal alle Buden ab. Aber diesmal nicht vor den Ständen, wie das alle Besucher taten, sondern dahinter. Ich zwängte mich zwischen Häuserfassaden und Budenrückwänden, um hindurchzusehen, was sich hinter dieser bunten Welt verbarg.

Und dann saß ich, viele Jahre später, auf einer Bank in der Mall des größten und modernsten Einkaufscenters Europas und schaute stolz auf mein Geschäft.

Die Menschen schlenderten an den Geschäften entlang, der ein oder andere betrat auch mein Geschäft und begab sich in die Obhut meiner Mitarbeiter.

Zusammen mit meinem Kompagnon war ich gerade „Franchisenehmer des Jahres" geworden und unwillkürlich gingen meine Gedanken zurück in die Zeit, als ich zum ersten Mal beruflich ein Geschäft betrat, als Lehrling in einem kleinen Feinkostgeschäft einer deutschen Kleinstadt.

Seitdem ich denken kann, wollte ich Kaufmann werden, ein anderer Beruf kam für mich nicht in Frage. Und obwohl der Beruf des Einzelhandelskaufmanns zu meiner Jugendzeit keinen großen Stellenwert besaß, war ich mir immer sicher, dass dieser Beruf, im wahrsten Sinne, eine Berufung war. Lange vor dem Ende der offiziellen Schulzeit hatte ich einen unterschriebenen Lehrvertrag in der Tasche.

Auch wenn dies zu jenem Zeitpunkt bereits 25 Jahre zurücklag, erschien mir die nachfolgende Zeit wie im Fluge vergangen.

Auf den Lehrling folgte der Erstverkäufer, aus dem Erstverkäufer wurde ein Abteilungsleiter, auf die kleine deutsche Stadt folgte die Großstadt im Ruhrgebiet. Auf den Abteilungsleiter folgte der Hauptabteilungsleiter und auf diesen der Außendienstmitarbeiter, der plötzlich, und, wie es mir schien, unverhofft in einer klimatisierten und lederbezogenen Markenkarosse als

Gesamtverkaufsleiter irgendwo in Europa, weit weg von der deutschen Gemütlichkeit, zu seinen Kunden eilte.

Als die Markenkarosse sieben Mal um die Erde gejagt worden war, und als Nebeneinkunft den Jugendtraum mit einfuhr, einmal nach Amerika und einmal nach Russland zu kommen, als diese Träume sich erledigt hatten, als Frau und Kinder nebst Reiheneckhaus durch mein permanentes Unterwegssein auf der Strecke blieben, war es Zeit, richtig ins Geschäft einzusteigen und selbständig zu werden.
Und wieder begann alles von vorne: Dem ersten Geschäft folgte das zweite, dem zweiten… und so weiter, bis hin zur Perle des Einzelhandels, vor deren Tür ich nun saß.

Ich war dabei nicht reich geworden oder wohlhabend, aber ich war bis hierhin gekommen, wurde allgemeinhin als erfolgreich „gehandelt" und fand mich zurecht.
Vom einfachen, in einem viel zu großen weißen Kittel steckenden Verkäufer, hatte ich es bis hierher geschafft und ich war sehr stolz auf mich, andererseits, nebenbei bemerkt, aber auch totunglücklich, deprimiert und ratlos, ohne auch nur den geringsten Grund hierfür zu erkennen.
Es gibt einen Punkt im Leben, an dem man sich die Frage stellt: „Wer bin ich?". Eine Frage, die man sich vielleicht bis zu diesem Zeitpunkt zwar schon einmal

gestellt und bedacht hat, die aber niemals ernsthafte Folgen für den Alltag mit sich führte.

Die meisten Menschen kennen diese Situationen, in der man sich die Frage stellt, was man machen würde, wenn man nicht das täte, was man zurzeit tut.
Vielleicht lebt man in einem anderen Land, hat einen völlig anderen Beruf und andere Interessen, umgibt sich vielleicht auch mit anderen Menschen, als man es in seiner Wirklichkeit tut.
Je mehr diese Traumgedanken mit radikalen Veränderungen verbunden sind und damit einen Wertewandel bedeuten, desto weniger gebe ich von diesen Gedanken nach außen.
Die Träume der Menschen und die Vorstellungen, was Menschen in unserem Kultur- und Lebenskreis machen würden, wenn sie nicht das machen würden, was sie zurzeit tun, sind natürlich sehr unterschiedlich und in keiner Weise nur finanzieller Natur, sondern vielfältiger. Frauen dürften hier sicher andere Dinge träumen als Männer.

Auch der überwiegende Teil der erfolgreichen Männer und Frauen kommt an diesen Punkt im Leben, an einen Punkt, an dem sie ganz plötzlich ganz gegen ihre gewohnte Denkweise philosophisch werden und sich die Fragen stellen, die sie bis zu diesem Zeitpunkt für unnütz und überflüssig gehalten haben.

Wer bin ich, woher komme ich, wohin gehe ich und was mache ich hier eigentlich? Letztere gehört vielleicht nicht zu den klassischen philosophischen Fragen, wird aber in fast allen Phasen dieser Situation so gestellt.

Wie alle Erscheinungen unserer Arbeitswelt und Kulturwelt wird dieser Gemütszustand gleich mit einem schönen neuen Wort betitelt, in diesem Fall mit „Midlife-Crisis". Midlife-Crisis, gelegentlich bei Männern mit den Wechseljahren der Frau verglichen, wird häufig benutzt, um die in der Lebensmitte auftretende seelisch-körperliche Krise des Mannes zu erklären. Doch gilt dies in gleicher Weise für Frauen in Führungspositionen.

Bei der Midlife-Crisis des Mannes und der Frauen kann es zu den bekannten Erscheinungen kommen: Ausbruch aus der Ehe, Suchen eines jüngeren Partners, Ausstieg aus der Karriere, Kauf eines grellen Sportwagens, übermäßiges Essen oder Alkoholgenuss, aber auch Fitness- und Jugendwahn. Midlife-Crisis ist jedoch nur ein schickes neues Wort für ein Ereignis, das es nicht erst seit heute gibt.

"Früh, drei Uhr stahl ich mich aus Karlsbad, weil man mich sonst nicht fortgelassen hätte." So beginnt Goethes Werk „Italienische Reise". Doch bei dieser Reise handelte es sich doch wohl mehr um eine Art Flucht und ausgemachte Midlife-Crisis. Goethe reiste unter dem Namen Phillip Möller und gab als Beruf Maler an. Die tiefen Zweifel am Sinn seines Seins trieben ihn zu dieser Flucht. Im September 1786 ist dieser Mann 37 Jahre alt und beruflich sehr erfolgreich. Der Job als Legionatsrat (eine Art Minister) für den Herzog Karl August von Weimar, in dem Goethe zeitweise das Finanzwesen, den Berg und Wegebau, sowie das Militärwesen verwaltete, nahm ihm die Kraft und Zeit, um sich seiner Dichtung ganz zu widmen.

Er litt unter den höfischen Aufgaben und seinen Weimarer Lebensgewohnheiten, die ihn immer mehr erdrückten. Hinzu kam, dass auch privat nicht alles nach Wunsch lief. Das Verhältnis zur verheirateten Charlotte von Stein war für Goethe ein Reinfall. So steckte er in einer Lebens- und Schaffenskrise und machte sich so über Nacht auf und davon.

Schnelle Autos gab es zu dieser Zeit noch nicht, aber sonst nahm er alles mit, was eine Midlife-Crisis ausmacht. Nach seiner Reise aber, die auch das Ende seiner Midlife-Crisis darstellte, war er zum Dichterfürst gereift, sicherlich nicht allein durch das Ausleben seiner Lebenskrise und das Entdecken einer zuvor nicht gekannten Sinnlichkeit, sondern auch durch seine ausführlichen Studien der Antike.

Nicht immer bringt eine Midlife-Crisis so viel Gutes mit sich wie sie in „Goethe, die Tagebücher", auf seiner eineinhalbjährigen Reise von ihm beschrieben wurden. Aber sie ist ein deutliches Zeichen dafür, dass auf einen Erfolg ein noch größerer Erfolg folgen kann.

Denn eines ist wohl eindeutig, selbst mit den Werken, die Goethe vor seiner Reiseflucht schrieb: Nur als Minister eines kleinen Fürstentums in Europa, hätte er nie die Bedeutung erlangt, die er als größter deutscher Dichter mit Weltruf erlangt hat.

Und nun ersetzen wir den Herzog Karl August von Weimar und sein Herzogtum durch einen Unternehmer und machen aus dem Legionatsrat einen Manager oder Vorstand. Dies ist ein gutes Beispiel, weil gerade Manager, Vorstände und Geschäftsführer sich oft so fühlen: Oben ist der Fürst, König oder Kaiser, der über den Dingen steht, oft vergeistigt und der Welt entrückt, in seinem Elfenbeinturm lebend, darunter seine Generäle und Minister, die jeden Tag die Macht erhalten und mehren müssen.

Ein sehr erfolgreicher Geschäftsführer und Manager eines großen Handelskonzerns sagte mir einmal mitten im Verlauf eines Gespräches, es wäre ihm eigentlich egal, wer unter ihm im Vorstand sei.

In der Regel ist der Mensch in unserer Gesellschaft nicht grundsätzlich davon überzeugt, dass Geld, Erfolg und Macht auch Glück bedeuten.

Dies scheint, glaubt man zumindest neusten amerikanischen Untersuchungen, durchaus auch richtig zu sein.

Bei der Befragung amerikanischer Multimillionäre stellte sich heraus, dass 37 Prozent der Interviewten sich unglücklicher fühlen als der Durchschnitt der USamerikanischen Bevölkerung. Psychologieprofessor und wohl bekanntester Glücksforscher Mihaly Csikszentmihalyi sagt, „dass mehr Besitz nicht mehr Glück bringt". Aber der ungarisch-amerikanische Wissenschaftler sagt auch, dass es einen gewissen Zusammenhang zwischen materiellem Wohlergehen und Glück gibt, denn Armut ist keine gute Basis für Zufriedenheit.

Vielleicht erklärt dies das Verhalten der Menschen in unserer Gesellschaft, das sehr vom Streben nach Geld und Erfolg geprägt ist. Was alles von Menschen auf sich genommen wird, um an Geld zu kommen, ist schier unglaublich. All die legalen und illegalen Wege zu dieser Art von Anerkennung sprengen fast jede Vorstellung.

Die heute verbreitete Flucht in neue Religionen, das Reisen in exotische fremde Länder - natürlich mit Internetanschluss - kann für die meisten Menschen, die hektisch immer auf dem Sprung zum nächsten Termin, ob nun beruflich oder privat, sind, keine Lösung sein.

Jahrhundertealte, fernöstliche Lehren sind deshalb so reizvoll, weil sie einem ganz anderen Wertesystem entstammen, das den Wechsel von Tat und Muße im Leben ihrer Kultur beinhaltet. Dass diese Lehren eng an die Kulturen, ihre Riten und den Alltag gebunden ist, vergisst man all zu leicht.

Oft werden Naturvölker als Heilsbringer für gestresste Erfolgsmenschen hingestellt. In fast allen Fällen werden Tatsachen verdreht oder übersehen,

Schlussfolgerungen halb richtig oder sogar falsch gezogen.

Bei Naturvölkern sind Herzerkrankungen und viele chronischen Erkrankungen kaum bekannt. Hieraus schließt man, dass man nur die Ernährung oder noch schlimmer die Religion und Gebräuche zu übernehmen braucht und sich aus der Stadt aufs Land bewegen muss, um ebenfalls von diesen Krankheiten verschont zu bleiben.

Dabei lässt man völlig außer Acht, dass diese Naturvölker im Durchschnitt eine Lebenserwartung haben, die ca. 25 Jahre unter dem eines Menschen mit hoch zivilisiertem Umfeld liegt. Man müsste eigentlich nur alle Menschen in diesem Umfeld zwischen dem 40. und 45. Lebensjahr umbringen, schon würden die statistischen Anteile der chronisch Kranken rapide sinken. In Hongkong, nicht gerade als ruhig und beschaulich bekannt, werden zum Beispiel die Menschen ca. 10 Jahre älter als der chinesische Durchschnittsbürger.

Auch die Motivationskünstler, die über Bühnen und durch Vorstandsetagen tanzen, die den Glauben verkaufen, dass man nur an etwas glauben muss, damit Ziele erreicht werden können und damit den Erfolg programmierbar und einfach machen, haben so langsam ausgedient. Sie kamen mir oft so vor wie ein Spieler vor einem Casino, der für horrende Summen ein todsicheres System an andere Spieler verkaufen will.

Hätte man so ein System, könnte man sicher leichter große Reichtümer erringen, indem man es gebraucht und wohl kaum damit, dass man es mühevoll verkauft.

Wirklich erschreckt haben mich diese sogenannten Motivationskünstler nicht, wirklich erschreckt haben mich die Menschen, die zu diesen Veranstaltungen pilgerten und Unternehmen, die große Summen für diese „Seminare" für ihre Mitarbeiter ausgaben.

So entstand eine eigenständige Industrie. Dieser Industrie unterlief ein großer Fehler, der sie in vielen Bereichen völlig unglaubwürdig macht. Viele dieser Erfolgsverkäufer gingen deshalb auch mit ihren Unternehmen pleite.

Dass ein Handelsunternehmen, ein Handwerksbetrieb oder auch ein Konzern Schiffbruch erleidet, kann man vielleicht noch verstehen. Zumindest ist es möglich, Gründe für das Scheitern zu finden, die außerhalb des Unternehmens zu suchen sind. Aber jemandem, der nichts anderes zu verkaufen hat als Erfolg, dem verzeiht man einen Misserfolg nicht.

So haben diese Motivationskünstler, Gesundbeter heute oft mehr Gläubiger als Gläubige.

In der Phase der tiefen Depression und des Unglücks lernte ich meine jetzige Frau kennen. Mit diesem Ereignis änderte sich nicht nur meine Gemütshaltung, sondern all meine Wünsche, die ich im tiefsten Inneren meiner Gedanken vergraben hatte, wurden mir erfüllt -

und zwar ohne jede Anstrengung, die Erfolg, Macht und Geld ansonsten mit sich bringen.

Ich hatte plötzlich einen für mich überragenden Erfolg. In einem knappen Jahr hatte ich all das erreicht, wofür ich im Grunde seit dem ersten Tag in dem kleinen Delikatessengeschäft gearbeitet hatte. Dies alles auf einem für mich nie geplanten Weg. Ich hatte einfach all meine eigenen Wünsche und Werte, die aus mir selbst kamen, geäußert und neue Werte eingefordert.

Zu meiner großen Überraschung und ganz gegen meine Erfahrung und Wirklichkeit, wurden diese Wünsche und Werte anerkannt und sogar in manchen Bereichen besser erfüllt, als ich sie gefordert und mir je erträumt hatte.

Es wurde mir möglich, ein Leben zu führen, ohne mich um Soll und Haben zu kümmern.

Das machte mich auch völlig immun gegen alle Wie-werde-ich-glücklich-Helfer und Gesundbeter. „Der Weg ist das Ziel" scheidet bei mir auch aus, da ich am Ziel angekommen bin.

Es ist schon ein eigenartiges Gefühl, wenn man plötzlich und unverhofft glücklich und zufrieden der Umwelt entgegentritt. Dinge, die einem vor ein paar Monaten noch den Blutdruck in astronomische Höhen schnellen ließen, handelt man nun völlig gelassen und gut gelaunt ab. Ängste, die mir den Schlaf raubten, waren plötzlich nicht mehr da.

Einige Monate kann man sehr gut Glück und Zufriedenheit akzeptieren und genießen, aber der Mensch, oder besser das Gehirn, konstruiert die Wirklichkeit zum größten Teil aus Erfahrung und meine Erfahrung sagte mir, dass dieser Zustand nicht von Dauer sein konnte.

Warum, so fragte ich mich, kann man so schlecht akzeptieren, dass nach einer recht langen Phase der Mühe und des Kampfes sich Erfolg und Glück einstellen? Dass man aufgrund eines tragischen Ereignisses, einer verschmähten Liebe oder eines wirtschaftlichen Misserfolges sein Leben lang unglücklich sein kann, wird hingegen jedem zugetraut.

Sagen Sie einmal, wenn dieses oder jenes eintrifft, werde ich lebenslang froh und glücklich sein, Sie werden den Unterschied deutlich merken. Bei diesem Satz wird Ihr Gegenüber Ihnen skeptisch antworten und wenn auch nicht antworten, so doch in Gedanken daran zweifeln, dass Glück und Zufriedenheit so einfach zu erreichen sind und so lange halten.

Ein Sprichwort sagt: „Nichts ist schwerer zu ertragen als eine Reihe von guten Tagen.

Noch drastischer sagte dies der Schriftsteller Fedor Michailowitsch Dostojewski, den Friedrich Nietzsche für den größten Psychologen aller Zeiten hielt:

„Was kann man nun von einem Menschen erwarten? Überschütten Sie ihn mit allen Erdengütern, versenken Sie ihn in Glück bis über die Ohren, bis über den Kopf, so dass an die Oberfläche des Glücks wie zum Wasserspiegel nur noch Bläschen aufsteigen, geben Sie ihm ein pekuniäres Auskommen, dass ihm nichts anderes zu tun übrigbleibt, als zu schlafen, Lebkuchen zu vertilgen und für den Fortbestand der Menschheit zu sorgen - so wird doch dieser selbe Mensch, Ihnen auf der Stelle aus purer Undankbarkeit, einzig aus Schmähsucht einen Streich spielen. Er wird sogar die Lebkuchen aufs Spiel setzen und sich vielleicht den verderblichsten Unsinn wünschen, den aller ökonomischsten Blödsinn, einzig um in diese ganze positive Vernünftigkeit sein eigenes heilbringendes phantastisches Element beizumischen. Gerade seine fantastischen Einfälle, seine banale Dummheit wird er behalten wollen."

Seit über zweitausend Jahren gibt es in der Philosophie einen Satz, den kaum ein Philosoph nicht gesagt hat oder jemals ernsthaft bestritten hat: „Alle Menschen Streben nach Glück". Auf der Basis dieser großen Übereinstimmung gab und gibt es viele Antworten, aber auch Fragen, wie das jeweils erstrebte und definierte Glück erreicht werden könnte.

Die bekannten Anbieter des Glücks, die Religionen und Sekten, werden heute ergänzt um Werbeagenturen, die im Auftrag großer Unternehmen versuchen, Glück in Form von Produkten und Dienstleistungen an den Mann, die Frau oder das Kind zu bringen.

Meiner Ansicht nach ist Glück eng mit der Frage nach Werten und dem Wertesystem verknüpft. Man kommt nicht umhin, Werte zu benennen, die einem als Richtschnur dienen.

Die Frage ist nur, woher diese Werte kommen und wer sie erstellt.

In der Abenddämmerung kam ein Mann ins Dorf und sagte, er sei der Prophet. Die Bauern aber glaubten ihm nicht. „Beweis es", forderten sie. Der Mann zeigte auf die gegenüberliegende Festungsmauer und fragte: „Wenn diese Mauer spricht [...] glaubt ihr mir dann?" „Bei Gott, dann glauben wir dir", riefen sie. Der Mann wandte sich der Mauer zu, streckte die Hand aus und befahl: „Sprich, o Mauer!" Da begann die Mauer zu sprechen: "Dieser Mann ist kein Prophet. Er täuscht euch. Er ist kein Prophet."

Zülfü Livaneli

Ein weiter Weg

Wenn wissenschaftliche Tatsachen hinreichend eindrucksvoll und gut belegt sind und erstaunliche Hypothesen stützen, sollte man glauben, dass die meisten Menschen sich von den experimentellen Belegen so sehr überzeugen lassen, dass sie sofort ihre Ansichten ändern.

Leider zeigt die Wirklichkeit ein anderes Bild.

Es steht außer Zweifel, dass die Erde sehr alt ist. Trotzdem gibt es in den USA Millionen von Fundamentalisten, die immer noch steif und fest die naive Ansicht vertreten, die Erde sei relativ jung. Sie bestreiten ebenfalls, dass eine lang andauernde Evolution stattgefunden hat. Sie berufen sich dabei auf eine wörtliche Lesart der Bibel.

Doch wenn unsere Vorstellung von Weltanschauung und Werten von fehlerhaften Grundlagen ausgeht, kann diese Vorstellung auf lange Sicht keinen Erfolg haben.

So sehr wir uns unseren Träumen hingeben und von Menschen auf die eine oder andere Weise bestätigen lassen, so sehr pocht die Wirklichkeit doch erbarmungslos an die Tür.

Die wahrgenommene Wirklichkeit ist zwar weitgehend ein Werk unseres Gehirns, doch sie muss im Einklang mit der wirklichen Welt stehen, sonst werden wir schließlich unzufrieden mit ihr.

Menschliche Weltanschauung und Werte können nicht nur allein aus wissenschaftlichen Tatsachen abgeleitet werden, aber es wäre fahrlässig, so zu tun, als hätte wissenschaftliches Wissen keinen Einfluss auf unsere Werte. Um neue Werte zu schaffen, brauchen wir Vorstellungskraft, die auf wissenschaftlichen Tatsachen und Eingebung beruht.

Natürlich gibt es Menschen, die gar nicht wissen wollen, wie die komplizierten Dinge in der Wissenschaft, z.B. die Betrachtung des Geistes, funktionieren. Ihnen sind die alten Märchen lieber, auch wenn sie im Widerspruch zur Wissenschaft stehen.

Erstaunliche Hypothesen und Erkenntnisse werden wahrscheinlich erst dann allgemein akzeptiert, wenn sie in einer Weise präsentiert werden, die das Vorstellungsvermögen der Menschen anspricht und das Bedürfnis nach einem leicht verständlichen Bild von der Welt und von sich selbst befriedigt. Dies am liebsten ohne große Mühe.

Der Weg dahin ist aber sicher noch sehr weit, denn nichts ist schwieriger, als komplizierte Dinge leicht zu erklären, ohne sie so zu vereinfachen, dass die Erklärung nicht mehr stimmt.

Dies ist insofern nicht verwunderlich, da dieses Wissen mit ihrem täglichen Leben ziemlich wenig zu tun hat. Außerdem halten viele Menschen die gegenwärtigen wissenschaftlichen Kenntnisse für zu unmenschlich und zu schwer verständlich.

Wir Menschen sind in vielen Bereichen auch mit wissenschaftlichen Weltanschauungen in Berührung gekommen.

Manche dieser Anschauungen sind nicht nur unverständlich, sondern werden auch als unnütz betrachtet, einfach, weil man einen Zusammenhang mit dem eigenen Dasein nicht erkennt.

Davon abgesehen, dass ohne die schwierigen Ansichten der Wissenschaften, die wir übernommen haben, die Welt, wie wir sie kennen, nicht funktionieren würde, gibt es auch weitere Punkte, die es durchaus sinnvoll machen, sich mit der Wissenschaft zu beschäftigen.

Bei allem, was ich gemacht habe, indem ich auf neueste oder schwierige Erkenntnisse der Wissenschaft hingewiesen habe, entstand eine Frage. Sie lautete: „Was nützt mir das, was bringt es mir?" Nur selten habe ich mir diese Frage direkt gestellt, aber es war deutlich zu spüren, dass sie zentral vorhanden war.

Ich halte diese Frage für sehr wichtig im Hinblick auf das Verhalten und eine hervorstechende Eigenschaft von uns Menschen.

Wir sind aus einem Überlebenstrieb heraus, darauf bedacht, uns, wie auch immer, einen Vorteil zu verschaffen. Dieses archaische Verhalten, ist im Menschen tief verwurzelt.

Dass dieses Verhalten in verschiedenen Kulturen oder bei verschiedenen Menschen mehr oder weniger ausgeprägt ist, kennen wir alle aus unserem täglichen Leben. Dass aber das Verhalten der Menschen wesentlich komplizierter zu deuten ist, lernen wir jeden Tag aufs Neue.

Das Einbeziehen der großen, wissenschaftlichen Erkenntnisse aller Naturwissenschaften, insbesondere der Gehirnforschung, ist ein weiterer Schritt, der komplexer, schwieriger und umfassender sein wird.

Das Einbringen der Erkenntnisse und Hypothesen der Physik, Chemie, Biologie, vor allem auch der Neurobiologie in unseren Alltag, ist aber, so wie ich es betrachte, eine weitere Modeerscheinung oder Trendstrategie, mit teilweise absurden Zügen.

Manche Menschen, unter ihnen auch immer mehr Führungspersonen, möchten weg vom ökonomischen Leistungsdenken und hin zu mehr Lebensqualität.

Hier hat ein Wertewandel eingesetzt.

Auslöser dieses Wertewandels ist die abnehmende Bedeutung traditioneller Bindungen, z.B. zur Kirche und anderen Institutionen.

Durch die schnelle Änderung ökonomischer Lebensbedingungen und die Unplanbarkeit der Zukunft können nur schwerlich persönliche Lebensentwürfe entwickelt werden, die einen sicheren Weg garantieren. Hierzu kommen zunehmend ungelöste Aufgaben in der Gesellschaft.

In diesen Modernisierungsprozessen wird die Sinnfrage oft neu gestellt und es werden Lebensentwürfe geändert.

Somit entsteht eine andere Sichtweise auf das menschliche Zusammenleben.

Auch Führungs- und Machtmenschen erkennen zunehmend ihre menschliche Unvollkommenheit und die eigene Problembeladenheit an.

Letztlich liegt der Sinn im Versuch, „die Welt mit anderen Augen zu sehen", darin, zu einer neuen oder besser gesagt anderen Bewertung zu kommen.

Der so gewonnene Blick erlaubt es, Möglichkeiten neu zu bewerten und diese neue Betrachtung in das Handeln einfließen zu lassen, oder auch nicht. Denn in erste Linie lernen wir, wissenschaftlich genauer betrachtet, nicht das Bestimmte sondern das Unbestimmte als treibende Kraft kennen.

So wie das Unterbewusste und nicht das Bewusste die treibende Kraft ist beim Handeln und auch beim Denken.

Dass der Weg das Ziel ist, damit kann man nicht zufrieden sein. Dass es Vergnügen und Lust bereitet, den Weg zum Ziel zu beschreiten, dem stimme ich zu.
So würde ich den Weg als Lust bezeichnen und weniger als Ziel. Das Ziel an sich würde ich aber als lustvoller und befriedigender ansehen. Diese Sicht deckt sich mit den Forschungsergebnissen von Verhaltens- und

Evolutionsbiologen. Auf einen Reiz folgt eine Handlung, auf eine Handlung die Entspannung.

Der Weg zum Erfolg ist gleich dem von Triebhandlungen, die wir gut kennen. Nehmen wir zum Beispiel den Nahrungs- und Sexualtrieb.

Zuerst erfolgt der Reiz in unserem Fall Hunger oder der sexuelle Reiz, dem folgt die Handlung, also essen oder die sexuelle Handlung, danach folgt die Entspannung das satt sein, im Falle des Sexualtriebes der Orgasmus.

Wie lustvoll das Verspeisen von gutem Essen und gutem Sex als Handlung auch sein kann, ohne Endhandlung bleibt es unvollkommen.

Wobei man zwar versuchen mag, die Endhandlung so weit wie möglich zu verzögern, aber letztlich darauf verzichten kann und will ich nicht. So ist der Weg zum Erfolg durchaus sehr lustvoll, doch ohne Erreichen des Zieles unvollkommen.

Eines Tages wird man offiziell zugeben müssen, dass das, was wir Wirklichkeit getauft haben, eine noch größere Illusion ist als die Welt des Traumes.

Salvador Dali

Traumland

Das, was man sich erträumt, ist oft mit Geld und Reichtum verbunden. Oft glaubt man auch, dass mit dem Erreichen dieses Traumes sich auch andere ideelle Teile der Träume erfüllen.

So sind Träume oft die Hoffnungen von heute und die Wirklichkeit von morgen.

Hier genau beginnt der Traum aber zu bröckeln, denn die subjektive Wirklichkeit des wachen Geistes trifft auf die objektive Wirklichkeit des Lebens. Sie knallen geradezu aufeinander und dieser Zusammenstoß bewirkt, dass Träume ihre ursprünglich reine Schönheit verlieren.

So sterben Träume meistens langsam. Stetig verlieren sie Tag um Tag mehr von ihrer Form. Natürlich gibt es auch Träume, die zerplatzen wie ein Luftballon mit einem lauten Knall. Dass Träume vergehen, hat aber sicher auch Vorteile: Alpträume sind auch nur Träume. Zum Glück.

Letztlich sind Träume, Wünsche, Leid und Sorgen aber ein notwendiger Rohstoff für neue Ideen und auch für neue Orte.

Wie sagte schon Oscar Wilde: „Ja, ich bin ein Träumer, denn nur Träumer finden ihren Weg durchs Mondlicht und erleben die Morgendämmerung, bevor die Welt erwacht."

Ich könnte heute noch im Walde wie ein kleiner Junge spielen: Aus Steinen und Holzstücken Häuser bauen, mit dürren Zweigen Straßen abstecken und kleine Alleen bauen, einen Felsblock zum Range eines Alpengipfels erheben und einer kleinen Indianerfigur, zusammen mit einer Ritterfigur, die Herrschaft über das alles verleihen.

Und dieses kleine Land würde mich auch glücklich machen und meine Fantasie erregen und mich mehr beschäftigen als eine noch so große Wirklichkeit.

Was Träume sind oder sein könnten, kann man von verschiedenen Punkten aus betrachten.

Es gibt hier zum einen die Sicht der Wissenschaftler, die beschreibt, was in unserem Gehirn vorgeht, wenn wir schlafen. Hierzu werden Menschen im Schlaf beobachtet. Es wird gemessen, was, während der Mensch träumt, in seinem Gehirn vor sich geht.

Diese Art von Wissenschaft bringt sehr interessante Erkenntnisse zu Tage.

Im Jahr 1953 entdeckten amerikanische Wissenschaftler durch Zufall den so genannten REM-Schlaf. Sie untersuchten als erste den Schlaf von Kleinkindern, denn bei diesen kommt diese Art des Schlafs besonders häufig vor. Er wird nach den schnellen Augenbewegungen benannt, auf Englisch

Rapid-Eye-Movements, die in dieser Schlafphase vorkommen.

Die Schlafforscher stellten fest, dass Personen, die aus diesem REM-Schlaf geweckt werden, häufiger von Träumen berichten als Versuchspersonen, die aus anderen Schlafphasen geweckt werden. Sie folgerten daraus, dass Träumen gleichbedeutend sei mit dem REM-Schlaf. Eine Vermutung, die sich heute so nicht mehr halten lässt.

Heute vermutet die Wissenschaft, dass wir von der ersten bis zur letzten Minute unseres Schlafes träumen.

Da der Schlaf in der REM-Phase leichter ist und das Gehirn aktiver als im Tiefschlaf, können in dieser Schlafphase häufiger lebhafte Träume vorkommen; Träume, an die man sich eher erinnert als an "langweilige" Tiefschlafträume.

Dies soll aber nicht der Teil sein, mit dem ich mich beschäftigen will. Ebenso wenig der Teil der Wissenschaft, der sich psychoanalytisch mit Träumen befasst, wie Sigmund Freud.

Das Wort Traum und seine Bedeutung ist weitaus umfangreicher, als allein die Betrachtung dessen, was geschieht, wenn Menschen schlafen.

Dort, wo der Schlaf ist, ist auch der Traum. Gleich, ob wir viel oder wenig träumen oder mehr oder weniger schlafen, wir erinnern uns nicht immer, aber entkommen können wir dem Traum nicht.

Um doch noch einmal auf Freud zurückzukommen, der sagte „Träume, sind eine andere Art von Wirklichkeit". Und wir alle leben in unserer Wirklichkeit.

Träume benutzen Bilder, die wir in unserer wachen Wirklichkeit gesammelt haben. Der Traum setzt sie dann in eine Reihenfolge und einen Zusammenhang, der in den meisten Fällen nicht mehr plausibel scheint. Ein Durcheinander an Bildern, das mal größer, mal kleiner ausfällt.
Böse Zungen behaupten, manche Menschen schlafen nur deshalb so gut, weil sie langweilige Träume haben.
Hierbei frage ich mich, woher manche Bilder, die in meinen Träumen auftauchen, kommen. Dass ich sie irgendwo und irgendwann einmal aufgenommen haben muss, lässt mich im Nachhinein ein wenig erschaudern. Meine Träume sind in den seltensten Fällen spektakulär, dies mag zum einem daran liegen, dass meine wache Wirklichkeit sehr abwechslungsreich ist, zum anderem liegt es sicher auch daran, dass ich sehr gut auch im wachen Zustand träumen kann.
Ich bin davon überzeugt, dass demjenigen, der am Tag träumen kann, viele Dinge bewusstwerden, die von denen übersehen werden, die nur nachts träumen.
Wir wollen uns aber von diesen Träumen der Nacht verabschieden und uns den Träumen zuwenden, die Menschen träumen, wenn sie wach und bei vollem Bewusstsein sind.
Träume sind in dieser Hinsicht vielmehr Wünsche.

Wenn ich in diesem Zusammenhang von Träumen spreche, meine ich also nicht die Schlafträume, die sich heimlich ins Bewusstsein stehlen und von ihm wieder ausgestoßen werden wie Fremdkörper, ohne dass die Erinnerung an sie stärker ist, als für die Dauer von Stunden.

Nein, ich denke an Träume, deren Gestalt und Geschichte wir selbst bestimmen, wie der Maler sein Bild und wie der Baumeister sein Haus. Wir alle kennen Traumjobs, Traumreisen, Traumautos, Traumhäuser und so weiter und so fort.

Diese Art zu träumen setzt die Tätigkeit der Fantasie voraus, und darauf kommt es mir an.

Wann ist ein Wunsch noch ein Wunsch und wann überschreitet er die Grenze, vom Wunsch zum Traum. Wann ist er Illusion?

Ich glaube, je unerreichbarer ein Wunsch erscheint, desto mehr entwickelt er sich zum Traum.

Menschliche Träume sind sehr unterschiedlich. Der weitaus überwiegende Teil dieser Träume ist darauf ausgerichtet mehr Geld, Macht oder Anerkennung zu haben.

Jeder von uns hat sich sicher schon einmal vorgestellt, was er mit dem Mehr an Geld, Macht und Anerkennung machen würde.

Hierbei merkt man deutlich, dass Geld, Macht und Anerkennung sehr eng aneinandergebunden sind.

Da werden alte Widersacher beiseite geräumt, die gewonnene Macht wird vielleicht dazu genutzt, es all denen zu zeigen, denen man sich ausgeliefert gefühlt hat, dem Chef wird dann aber mal richtig die Meinung gegeigt.

Mit dem erträumten Geld und der Macht werden dann Dinge gemacht, die man sich in der realen Welt nicht trauen würde. Diese weit verbreiteten (Tag-)Träume haben in den unterschiedlichen Lebensbereichen und Welten verschiedene Qualitäten. Was man sich erträumt, kommt schon sehr darauf an, wo und wie man lebt.

So ist vieles von dem was wir in unserer Welt als alltäglich empfinden, für andere Menschen ein Traum.

Kaum ein westlicher Mitteleuropäer würde sich erträumen, fließendes Wasser zu haben oder eine Heizung, die ihn im Winter wärmt. Das ist für uns selbstverständlich.

In der dritten Welt ist das schon anders.

So träumt sich jeder in seiner Wirklichkeit seine Traumwelt zusammen.

Kommen wir zurück zu dem Punkt, an dem wir versuchen wollen, einen Unterschied zwischen Wünschen und Träumen zu finden.

„Ohne Wünsche keine Träume" behauptet Freud. Er hatte in der Nacht vom 23. auf den 24. Juli 1895 einen folgenschweren Traum: Er träumte von einer Patientin, die er zu dieser Zeit behandelte. Ihr ging es sehr schlecht, sowohl in Wirklichkeit als auch im Traum. Im Traum war aber nicht Freud für ihren schlechten Zustand verantwortlich, sondern ein anderer Arzt. Dieser gab ihr im Traum eine verschmutzte Spritze.

Als Freud am nächsten Morgen über seinen Traum nachdachte, fiel ihm auf, dass dieser Traum ihm einen Wunsch erfüllte: Nicht schuldig zu sein für den schlechten Gesundheitszustand der Patientin. Er folgerte also, dass der Traum eine Wunscherfüllung sei. Er untersuchte noch unzählige andere Träume und kam immer wieder auf diese Grundformel. Diese These teilen aber nicht alle Traumforscher.

Jemand, der in den Augen anderer alles hat, kann sich immer noch eine friedliche, gerechte Welt erträumen, um festzustellen, was der Unterschied zwischen Wunsch und Traum ist.

So habe ich schon sehr oft gehört, dass jemand wunschlos glücklich ist, ich habe aber noch nie bewusst gehört, dass jemand mir gesagt hat, dass er traumlos glücklich ist.

Dies ist für mich ein deutliches Zeichen, dass es einen Unterschied zwischen Wünschen und Träumen gibt.

Dieser Unterschied muss größer sein, als nur die reale Erreichbarkeit eines Wunsches oder eines Traumes.

Der Grund, warum ich mich in diesem Buch mit Träumen befasse, liegt darin, dass mein Leben sehr oft von Träumen bestimmt war.

Diese Träume habe ich dann oft schnell zu Wünschen herabgestuft, damit die Enttäuschung, falls aus dem Traum nichts werden würde, nicht allzu groß wurde.

Schon als Kind habe ich davon geträumt, einmal in Amerika in dieser großen bunten Welt zu arbeiten, nein, ich wollte Amerika nicht als Tourist erleben, auch nicht mit dem Auto von Ost nach West das Land durchqueren. Ich wollte mittendrin sein, mit den Menschen arbeiten und leben, eine Aufgabe haben, die zu diesem Land gehört, ein Teil dieses Landes sein. Ich wollte an etwas mit bauen, das auch dann noch da ist, wenn ich schon längst woanders bin.

Diesen Traum konnte ich mir erfüllen. Ich bin hin und her gereist und habe an meinem Traum gearbeitet, oder besser, mit meinem Traum gearbeitet.

Ich gebe aber zu, dass es Momente gab, in denen sich lang erträumte Situationen ergaben, die ich jedoch gar nicht mehr als traumhaft empfand. Sie fühlten sich einfach an wie Alltag, mit allen bekannten Problemen und Hindernissen.

Auch die Arbeit verlief nicht sonderlich erfolgreich und die Menschen um mich herum empfand ich ebenso nicht mehr anders, sondern genau wie zuhause.

Am Ende meiner Zeit in den Staaten musste ich erkennen, dass es keinen Unterschied gibt zwischen einem sauerländischen Schützenfest und einer Südstaaten-Silvesterparty.

Erst jetzt, da ich dieses niederschreibe, verstehe ich, warum ich diesen Unterschied nicht fand.
Der Grund liegt allein in mir. Ich lebe und umgebe mich bis heute in einer Welt, die keine Unterscheidungen macht oder zulässt.

Unterbewusst bewege ich mich immer in den gleichen Ebenen und umgebe mich intuitiv immer mit der gleichen Art von Menschen. Ich suche sie aus. Und ich bin es, der Situationen heraufbeschwört, in denen ich dann zu erkennen meine, dass von außen besehen, alles gleich ist, dabei bin ich es, der sich immer und immer wieder seine „gleiche" Wirklichkeit zusammenbaut.
Es kann bei mir deshalb auch keinen Unterschied zwischen dem Sauerland und North Carolina geben, weil beide Welten in meiner Wirklichkeit und Beurteilung gleich sind.
In einer objektiven Wirklichkeit wäre all dies von großen Unterschieden durchzogen.

Diese Lebensphase hat mir auch deutlich gezeigt:
Wo Wünsche in Erfüllung gehen, da sterben Träume.
Den Grund dafür erkläre ich mir so: Wenn wir uns unsere Welt erträumen, dann erträumen wir nicht nur andere Umstände, wir träumen den Traum auch mit einem anderen Ich.
Bin ich ein geiziger Mensch, so kann ich mir Reichtum erträumen. Vielleicht geht dieser Traum oder Wunsch

in Erfüllung... Der Verlust eines Euro schmerzt den Geizigen genauso wie 100 Euro oder eine Million.

Bin ich ein ängstlicher Mensch, helfen mir auch teure Bodyguard nichts. Die Angst bleibt.

Habe ich einen Traum, erträume ich mir Geld, Macht, oder einen Ort an dem ich leben möchte, dann erträume ich mir gleichzeitig auch ein anderes Ich, das genau in diese Vorstellung passt.

So kommt es, dass wenn sich Wünsche erfüllen, Träume sterben, denn Träume sind perfekt und so vollkommen, wie es die Wirklichkeit niemals sein kann.

Doch erst mit der Realisierung von Träumen reifte diese Erkenntnis. Es bleibt somit nicht anderes zu tun, als einen neuen Traum zu träumen, sobald sich der Wunsch erfüllt hat und der Traum dadurch gestorben ist. Die Kraft, die von einem neuen Traum und einem neuen Ziel ausgeht, kennt dabei kein Alter.

So habe ich mir fest vorgenommen, auch dann noch einen neuen Traum zu träumen, wenn der nächste Morgen schon eine Welt ist ohne mein Sein.

Den Indianern, zum Beispiel, war die Bedeutung von Träumen schon immer bewusst. Sie ließen sich von Träumen in ihrem Handeln und Planen stark beeinflussen, weil sie die Träume für Botschaften ihres Gottes hielten.

Weil sie jedoch, wie die meisten Schläfer, ein schlechtes Traum-Erinnern hatten, bauten sie Traumfänger.

In diesen Traumfängern sollte sich der Traum wohlfühlen und auch über die Zeit des Schlafes hinaus dem Träumenden erhalten und zugänglich bleiben. Diese Traumfänger waren Gestelle, die geflochten oder gezimmert, in etwa doppelt so groß waren wie der Kopf desjenigen, für den sie gefertigt wurden. Sie wurden oberhalb der Schlafstelle befestigt. Bei Säuglingen und Kleinkindern, die in Tragegestellen auf dem Rücken der Mütter transportiert wurden, befestigte man die Traumfänger an diesen Tragegestellen.

Bei der großen Menge Schlaf, die ich in den letzten Jahren im Durchschnitt gebraucht oder besser gewollt habe, kann man mich nicht gut, einen Schlaf- oder Traumfänger nennen. Doch mein Schlafverhalten, scheint sich langsam zu verändern. Ob das allein damit zu tun hat, dass ich älter werde, weiß ich nicht.

Doch überfällt mich hin und wieder, ganz im Gegensatz zu früher, heute ein plötzliches Bedürfnis, mich niederzulegen und ein wenig zu schlafen.

Diese Schlafattacken ereilen mich zu allen möglichen Zeiten. Häufig treten sie zur Mittagszeit auf.

Das bekannte Mittagsschläfchen ist bei älteren Menschen ja sehr verbreitet, doch auch in den südlichen Ländern ist die Mittagsruhe sehr beliebt.

Hier wird ausgiebig der Siesta gefrönt. Aber ich glaube an einen völlig anderen Grund für mein plötzliches Schlafbedürfnis.

Dass mein Leben sehr stark von Tagträumen durchzogen ist, habe ich bereits erwähnt. In letzter Zeit, das habe ich an mir festgestellt, nehmen diese Tagträume ab.

Zu sehr konzentriere ich mich auf das, was sich in meiner Umwelt geschieht. Auch Teile meiner Arbeit verlangen meine volle Aufmerksamkeit, aber auch meine volle Fantasie.

Hierdurch entsteht, glaube ich, ein Defizit an Träumen. Da mir ein Teil meiner Tagträume verloren geht, muss ich diese Träume durch Schlafträume ausgleichen.

In der Hoffnung, im Schlaf einen Ausgleich zu finden, überfällt mich der Drang mich hin und wieder und zu für mich unüblichen Zeiten hinzulegen und ein sogenanntes Nickerchen einzulegen.

Dass diese Theorie nicht wissenschaftlich haltbar ist, weiß ich. Doch gefällt mir daran, dass ich so den Grund nicht allein in meinem Alter suchen muss.

Wenn man mich also, mittags oder am frühen Nachmittag irgendwo im Haus schlafend auffindet, bin ich nicht müde oder schlafe, ja, da ich bin dabei Träume einzufangen.

Als der und jener scheint zwar jeder schon da. Aber keiner ist, was er meint, erst recht nicht, was er darstellt. Und zwar sind nicht zu wenig, sondern zu viel von Haus aus für das, was sie wurden. Später gewöhnen sie sich an die Haut, in der sie nicht nur stecken, sondern in die man sie auch noch gesteckt hat, beruflich oder wie sonst. Aber da fand einmal ein Bursche, weit von hier, einen Spiegel, kannte so etwas noch gar nicht. Er hob das Glas auf, sah es an und gab es seinem Freund: »Ich wusste nicht, dass das dir gehört. « Dem andern gehörte das Gesicht auch nicht, obwohl es ganz hübsch war."

B. Brecht

Wünsch dir was

Welche Möglichkeiten habe ich denn nun, Ängste zu besiegen und wie finde ich meine Werte bei einem Überangebot an Werten, die von außen an mich getragen werden?

Hier denke ich an die philosophische Forderung „Erkenne dich selbst", die abgewandelt werden kann in ein „Finde deine Wünsche selbst".

Denn nur, wenn ich mich selbst erkenne, habe ich eine kleine Möglichkeit, mit Hilfe meiner Wirklichkeit auch die Wirklichkeit des Anderen zu erahnen.

Nicht äußere Kräfte bestimmen, ob widrige Umstände in eine positive Erfahrung gekehrt werden können. Jemand der gesund, reich, stark und mächtig ist hat keine größere Chance, sein Bewusstsein zu steuern als jemand der krank, arm, schwach und unterdrückt ist.

Der Unterschied zwischen jemandem, der das Leben genießt und jemandem, den es überfordert, beruht auf einer Kombination äußerer Faktoren und der Art und Weise, wie man diese deutet. Das bestimmt, ob Herausforderungen als Bedrohungen betrachtet werden oder als Handlungsmöglichkeiten.

„Ein Selbst, das sich selbst die Ziele setzt" nennt man ein autotelisches Selbst.

Dieses autotelische Selbst kann potenzielle Bedrohungen leichter in positive Herausforderungen verwandeln und dadurch seine innere Harmonie behalten.

Der Begriff Autotelie wird im Sinne von Unabhängigkeit und Selbstzweck benutzt.

Die allgemein gültige Verwendung - im Kontext philosophischer Handlungstheorie - sagt aus, dass eine Handlung kein anderes Ziel hat als sich selbst, also ursächlich und zielgerichtet nach innen gewendet motiviert ist. Das Gegenteil davon ist "Heterotelie", die Unterordnung unter einen fremden Zweck.

Neben dem Handeln und Wollen von Individuen kann auch sozialen Institutionen Autotelie zugeschrieben werden, sofern diese keinen fremdgesetzten Zwecken dienen.

Jemand, der sich nie langweilt, der selten Angst hat, der an dem, was um ihn herum geschieht, Anteil nimmt und als Individuum relativ wenig Zeit aufwendet, in Gedanken und Handlungen zu investieren, die nicht dem Selbst entstammen, handelt aus einem autotelischen Selbst heraus.

Die meisten Menschen entwickeln ihre Ziele entweder aus den biologischen Bedürfnissen heraus oder auf Basis gesellschaftlicher Konventionen, also nicht aus dem Selbst.

Die Hauptziele eines autotelischen Menschen entspringen der Erfahrung, wie sie in seinem

Bewusstsein eingeschätzt wird und sind daher Teil des eigentlichen Selbst.

Es klingt im ersten Moment sicher etwas widersprüchlich, wenn man sagt, dass man in erster Linie zuerst an sich selbst denken soll, um mit dem Menschen, der einen unmittelbar umgibt, harmonischer und glücklicher zu leben.

Und darin liegt der wesentliche Unterschied zwischen Menschen mit und ohne autotelischem Selbst: Erstere wissen, dass sie ihr jeweiliges Ziel selbst ausgewählt haben. Ihre Tätigkeiten sind weder zufällig, noch Folge einer bestimmenden Kraft von außen.

Diese Tatsache hat scheinbar entgegengesetzte Konsequenzen. Einerseits führt das Gefühl, über die eigenen Entscheidungen zu verfügen, dazu, sich stärker für Ziele einzusetzen. Man handelt zuverlässig und wird quasi von innen heraus geleitet. Andererseits kann man, im Wissen, dass es sich um eigene Entscheidungen handelt, die Ziele leichter abändern, wann immer sie keinen Sinn mehr ergeben.

In dieser Hinsicht ist das Verhalten eines autotelischen Menschen zugleich beständiger und flexibler. Ziele aus sich selbst heraus bestimmen und diese umsetzen hat aber nichts mit Egoismus gemein, bei dem das Handeln und Denken selbstsüchtig um das eigene Ich kreist.

Positive Erfahrung ist nicht die Folge einer hedonistischen Lebensweise, einer Lebensweise, der griechischen philosophischen Lehre entstammend, bei der das Streben nach Sinneslust und Genuss zum höchsten Prinzip erhoben wird. Eine entspannte Laissez-faire Haltung allein reicht dafür nicht aus.

Positives in der Erfahrung setzt Energie frei, die mir hilft, den Anderen besser zu verstehen. Sie ebnet den Weg für die vage erahnte Wirklichkeit in anderen Menschen, wobei es nie möglich sein wird, über die Ahnung hinauszugehen.

Die Annahme von einer Wirklichkeit in einem anderen Menschen bleibt immer meine Wirklichkeit. Das Gefühl zu entwickeln, wir könnten das gleiche denken und sich darüber in Gesprächen austauschen, das ist für mich die höchste Stufe des Verstehens und der Harmonie.

Doch um sämtliche Erfahrungen in positive Energie für sich selbst umzuwandeln, reicht es nicht aus, zu lernen, wie man von einem Moment zum anderen den Zustand des Bewusstseins kontrolliert. Man braucht einen (empfundenen) Gesamtzusammenhang in Bezug auf seine Ziele, um sein Alltagsleben sinnvoll zu gestalten.

Wenn man von einer positiven Lebenssituation zur nächsten schreitet, ohne dass diese sich für einen selbst sinnvoll ergänzen und zusammenfügen, wird es am Ende des Lebens schwer auf die vergangenen Jahre zurückzublicken und einen Sinn in dem Geschehenen zu finden.

Um positive Erfahrungen zu erlangen, muss man die Harmonie in allem finden, was man tut. Dieser Gedanke bedeutet letztendlich für den, der es schafft, dass er die Gesamtheit des Lebens zu einer einzigen positiven

Lebenseinstellung gestalten kann, mit einheitlichen Zielen die allem beständigen Sinn verleihen.

Bei jemandem, der seine Wünsche erkennt und sinnvoll an deren Erfüllung hinarbeitet, stehen Gefühle, Gedanken und Handlungen miteinander im Einklang und er hat daher innere Harmonie erreicht.

Jemand, der sich in Harmonie, also in seinem Gleichgewicht und seiner Balance befindet, weiß, gleich was er tut, gleich was ihm zustößt, dass er seine psychische Energie nicht an Zweifel, Reue, Schuld und Angst verschwendet, sondern sie nützlich anwendet.

Innerer Einklang führt zu jener inneren Stärke und Gelassenheit, die wir bei Menschen bewundern, die mit sich selbst im Reinen zu sein scheinen.

Zweck, Entschiedenheit und Harmonie lassen das Leben als Einheit erscheinen und geben ihm einen Sinn, indem sie es in eine nahtlose, positive Einstellung umwandeln.

Wer diesen Zustand erreicht, dem mangelt es nie wirklich an etwas. Jemand, dessen Bewusstsein so geordnet ist, braucht weder unerwartete Ereignisse noch den Tod zu fürchten.

Jeder Moment des Lebens ergibt einen Sinn, auch das, was wir als Alltag bezeichnen. Wenn die Alltage zu Tagen werden, die mit Sinn und Harmonie gefüllt werden, bekommt Alltägliches plötzlich ein völlig anderes Gewand. Das Gewöhnliche, Eintönige fällt von ihm ab und wird ersetzt durch das Erleben von etwas Besonderem, Neuem und Glücklichem.

Das Offenbaren von tiefsten Gefühlen, Wünschen und Träumen kostet oft Überwindung.

Wer offen über seine Träume und Wünsche spricht, läuft Gefahr, dass sich bei einem selbst oder dem Gegenüber Zweifel melden, ob man ihnen auch gerecht werden kann.

Doch ihre positive Kraft können diese Träume und Wünsche natürlich nur dadurch entwickeln, indem man sehr offen und außergewöhnlich tiefgehend über seine Geschichte, Gedanken und Gefühle spricht.

Das immer und immer wieder Besprechen und Erklären dieser Wünsche kann nämlich im besten Falle auch dazu führen, zu erkennen, dass man durchaus in der Lage ist, selbst die Wünsche umzusetzen, die man im ersten Moment als unerfüllbar ansah.

Das Erfüllen von Wünschen und Träumen erzeugt Glücksgefühle und Zufriedenheit.

Dies ist aber kein Prozess, der jemals abgeschlossen ist, sondern ein ständiges Fließen.

Denn zu den Wünschen und Träumen des Einzelnen kommen Wünsche und Träume hinzu, die gemeinsam mit Mitstreitern erstellt werden.

Gemeinsame Wünsche müssen aber mehr sein, als ein Wunsch, der nur von Anderen übernommen wird, um ihn dann zum Eigenen zu machen.

Das, was mir bewusst wird, gebe ich so gut es geht durch meine Sprache weiter. Dies bedeutet, ich versuche zu erklären, was sich in mein Bewusstsein drängt, wenn ich dieses oder jenes sehe, fühle oder rieche.

Dieses direkte Empfinden und Ausdrücken, von dem was ist, ist so etwas wie die Feinabstimmung unserer Wirklichkeit. Zu erzählen, was man empfindet und welche Gedanken und Gefühle in einem aufkommen, wenn man z. B. das Meer riecht oder eine bestimmte Farbe in der Natur entdeckt, ist alles andere als banal und unbedeutend.

Schauen wir in den nächtlichen Sternenhimmel und Sie erzählen mir, was Sie sehen und welche Empfindungen Sie haben, mögen sie noch so abstrakt sein, so hilft mir das, mehr und vielleicht auch Wichtigeres über Sie zu erfahren, als jede noch so gutgemeinte Analyse Ihrer Handlungen.

Was die Hoffnungslosigkeit angeht, so muss man das laut Jean-Paul Sartre folgendermaßen verstehen: „Es ist zwar wahr, dass der Mensch unrecht hätte, zu hoffen. Aber was heißt das anderes, als dass die Hoffnung das schlimmste Hemmnis für das Handeln ist.“

Jean-Paul Sartre

Von Hoffnungen
und Werten

Hoffnungen sind immer Betrachtungen in der Zukunft. In der Regel ist die Betrachtung der Zukunft, die wir Hoffnung nennen, mit einer positiven Erfüllung dieser Zukunft verbunden. Zuerst ist es immer die Hoffnung auf Erfolg und Glück, die uns antreibt.

Hoffnungen sind also Betrachtungen der Zukunft mit ungewissem Ausgang. Schwingt bei der Hoffnung immer etwas Positives mit, wird sie ebenso immer auch von Ungewissheit begleitet.

Hoffnungen können sich erfüllen oder eben auch nicht. Wir alle haben sicher diese Erfahrung gemacht.

Etwas zu probieren, was nicht so funktioniert wie man es geplant hat, ist mir häufiger geschehen, denn nicht alles was, man angeht, ist eben mit Erfolg gekrönt.

Ich denke, viele empfinden das so bei der Betrachtung ihrer Misserfolge und Fehler. So liegt jedem Misserfolg auch immer irgendwie etwas Gutes inne.

Des Öfteren empfinde ich aber, dass die Hoffnung, die ich von Grund auf in mir trage, auch ein Fluch ist. Sehr schnell geschieht es, dass Menschen aus Gründen die mir verborgen sind, die Hoffnung, die ich ausstrahle, übernehmen.

Immer und immer wieder werde ich unversehens zum Hoffnungsträger, ohne es zu wollen. Es ist wohl der Preis, den ich dafür zahle, dass ich von meiner Natur aus viele Dinge positiver beurteile.

Immer kann ich Niederlagen noch etwas Positives abgewinnen. Alles, was mir im Leben begegnet, erscheint mir, wenn nicht positiv, dann zumindest auch nicht ganz schlecht.

In der Gesellschaft von Schwarzmalern, Untergangsbeschwörer, Nörglern und Berufspessimisten muss ich wie ein Rettungsanker wirken.

Es ist mir bis heute nicht möglich, Menschen zu hassen und Misstrauen zu haben. Auch wenn es so manches Mal angebracht wäre, fällt es mir schwer, wenn es nicht sogar in manchen Situationen ganz fehlt.

Ich wage einmal zu behaupten, ein mitfühlender Mensch zu sein. Wenn ich über einen längeren Zeitraum mit ein und derselben Person verkehre, merke ich nach einiger Zeit gewisse Verhaltenszüge dieser Person an mir selbst.

Die Übernahme dieser Verhaltensmuster passiert allerdings unbewusst. Ich verhalte mich empathisch. Das Wort „Empathie" kommt aus dem Altgriechischen und bezeichnet starke, leidenschaftliche Gefühle. Empathie heißt Einfühlungsvermögen. Gemeint ist damit das Vermögen, sich in die Gefühle und

Sichtweisen anderer Menschen hineinversetzen zu können und angemessen darauf zu reagieren.

Es geht darum, Mitmenschen in ihrem Sein wahrzunehmen und zu akzeptieren. Dabei heißt akzeptieren nicht automatisch gutheißen.

Andere Menschen zu akzeptieren heißt, ihnen mit Respekt entgegenzutreten und Verständnis für ihr Tun und Denken zu haben. Außerdem wird darunter die Fähigkeit verstanden, auf andere Wertehaltungen und Normen einzugehen, sie in die Person zu integrieren und neue soziale Rollen annehmen zu können.

Empathie ist eine grundsätzliche Fähigkeit aller Lebewesen. Sie ist die Schranke zur Unmenschlichkeit und der Kern unseres Menschseins. Da jeder von uns schon einmal Sorgen, Glück, Angst und Trauer gefühlt hat, sind wir in der Lage, diese Gefühle auch bei andern zu verstehen.

Die Kunst der Empathie besteht vor allem darin, eine Brücke zu den augenblicklichen Emotionen des Anderen zu schlagen, mich also auf „seine Wellenlänge einzustimmen".

Das geht nur indirekt, da niemand direkt in einen fremden Kopf hineinsehen kann. Es handelt sich um keine mystische Seelenharmonie, sondern um eine Summe von praktischen Verhaltensweisen.

Amerikanische Wissenschaftler haben die Wurzeln des einfühlenden Verhaltens, der Empathie, mit neurobiologischen Methoden untersucht. Ihr Ergebnis: Beobachten und Nachahmen von Emotionen rufen im Gehirn fast dieselben Erregungsmuster hervor. Damit wurden nicht nur die, an der Empathie beteiligten, Hirnareale gefunden, sondern auch deren neurobiologische Mechanismen aufgeklärt.

Ihre These: Die Repräsentation von Handlungen (z.B. Bewegungen und Mimik) im Gehirn sollte einen lenkenden Einfluss auf jene Hirnzentren ausüben, die mit Emotionen befasst sind. Dieser Mechanismus sollte wiederum ein entscheidender Baustein in der Neurobiologie der Empathie sein. Offensichtlich macht es für das Gehirn keinen großen Unterschied, ob es die Beobachtung von Emotionen oder deren innere Nachahmung verarbeiten muss.

Empathisch sein bedeutet nach Rogers „den inneren Bezugsrahmen des anderen wahrzunehmen, mit all seinen emotionalen Komponenten und Bedeutungen, gerade so, als ob man die andere Person wäre, jedoch ohne jemals die Als-ob-Position aufzugeben. Verliert man diese Als-ob-Position, befindet man sich im Zustand der Identifizierung."

Wissenschaftler sind sich darüber fast vollständig einig, dass dieses Verhalten einerseits vererbt, andererseits aber auch erlernt ist. Ich habe schon früh damit begonnen, andere Menschen intensiv zu beobachten und mir war oft schon als Kind lieber einem Spiel zuzusehen, als selber beteiligt zu sein.

Alle diese angeborenen und erlernten Fähigkeiten sind sicher der Grund dafür, dass Menschen spüren, wie sehr ich an ihren Gedanken teilhabe, wenn sie mich interessieren.

Dass die Dinge oft nicht so positiv ausgehen, wie ich sie gesehen habe, stört mich nur gering, da ich am Horizont, wie dunkel er auch erscheint, schon wieder ein neues Licht entdecke, und, als ob ich nichts gelernt hätte aus der letzten zerbrochenen Hoffnung, bin ich schon wieder voll von neuer Hoffnung, die ich auch gern in die Welt trage.

Hinzu kommt noch, dass die Werte, die oft an diese Hoffnungen gebunden sind, für mich bei Weitem nicht die Bedeutung besitzen wie bei vielen anderen Menschen, die mich umgeben.

In Hoffnungen spiegeln sich letztlich oft die Werte unsere Gesellschaft wie Macht, Einfluss und nicht zuletzt Geld wieder. Wenn sie auch in manchen Hoffnungen nicht das Ziel sind, so schwingen sie doch immer in irgendeiner Weise mit. Dies erscheint mir unausweichlich.

Es wäre nicht ehrlich, wenn ich sagen würde, diese Werte berührten oder beeinflussten mich nicht, aber sie haben, wenn ich sie verliere oder nicht erreiche, keinen großen Einfluss auf mein bewusstes Leben, das geprägt wird von meinen Werten, die nichts mit diesen Werten gemeinsam haben.

Diese Werte sind kostenlos, für jeden erreichbar und doch als Besitz des Einzelnen unveräußerlich. Sie liegen auf der Straße, wobei ich zugeben muss, dass es nicht ganz einfach ist, sie zu erkennen und dies ist nur der erste Schritt. Man muss sich auch noch bücken, um sie aufzuheben.

Doch heute ist mir bewusst, dass all die Menschen, die mich umgeben, dies völlig anders erleben. Für sie sind nicht erfüllte Hoffnungen und Träume eine Last, eine Niederlage, die sie schwer trifft. Sie sehen eben nicht hinter dieser zerbrochenen Hoffnung die nächste, sondern sie sehen allein die Scherben ihrer Hoffnung am Boden ihrer Wirklichkeit liegen.
Dass ich durch meine Art, die Dinge zu sehen, mich letztlich schuldig mache an ihrem Leid, entspricht ihrer Wirklichkeit.

Da ich mir dieser Dinge sehr bewusst bin, versuche ich, soweit ich es kann, Hoffnungen, die sehr an Werte wie Macht, Einfluss und Geld gebunden sind, nicht zu verbreiten, obwohl auch ich um diese Werte herum arbeite.
Die Werte, denen ich mich verpflichtet sehe, an denen ich intensiv arbeite und die ich versuche zu leben, sind in keiner Weise leichter oder unkomplizierter zu erfüllen, als die Werte, die eine monetär orientierte Gesellschaft vorgibt.

Nein, ganz bestimmt nicht. Freiheit, Bescheidenheit, Zurückhaltung, der vorsichtige Umgang mit den Gefühlen der Menschen, Toleranz, Nachgiebigkeit und das großzügige Übersehen der unterschiedlichen Schwächen der einzelnen Menschen bringen nichts ein, was Macht oder Hab und Gut vergrößern könnte. In vielen Fällen sind sie sogar im Kampf um diese Werte hinderlich.

Dieses ist in keiner Weise eine Bewertung oder Beurteilung der einen oder anderen Werte, ganz bestimmt nicht, denn Toleranz und meine übergroße Liebe zur Freiheit verhindern, - sonst hätte ich nichts von diesen Werten verstanden - dass andere Werte als schlecht oder weniger gut beurteilt werden. Dies können natürlich keine Werte sein, die beinhalten, andere Menschen zu verfolgen, zu unterdrücken oder zu töten. All die Dinge, die Grausamkeiten gegen andere Menschen beinhalten, sind per Definition nicht als Werte zu bezeichnen. Gleichwohl gibt es Werte, die völlig anders und meinen entgegengesetzt sind, aber in keiner Weise als unmenschlich, grausam oder unrecht verwerflich gelten. Sie dienen Menschen als Richtschnur, ob es mir nun gefällt oder nicht.

Als Hoffnungsträger bestimmter Wertesysteme bin ich letztlich unbrauchbar, so sehr es auch der ein oder andere in mir zu sehen scheint.

Hoffnungsträger kann ich sein, wenn es um die Werte geht, die mir eine Richtschnur sind und denen ich mich zutiefst verpflichtet fühle. Hier, aber nur hier, kann und will ich es auch sein, mit aller Kraft und Ausdauer die mir mein Leben gibt.

Auf den Spuren
der großen Denker

Eine Reise, wie auch immer sie geplant ist, beinhaltet auch immer, dass unvorhergesehene Ereignisse eintreten. Noch öfter geschieht es, dass Orte und Plätze nicht so sind, wie man sie sich vorgestellt hat, oder wie man sie aus Erzählungen und Berichten kennt.

Der größte Empfindungs-Wandel, in Bezug auf meine Umwelt und mich selbst, geschah auf Reisen und durch das Reisen.

Dieses weiß man erst richtig, wenn man am Ende einer langen Reise von all den an Mythos reichen Stätten nichts anderes in seiner tiefen Erinnerung hat als ein Beispiel aus dem banalen Leben und alles herum ist und bleibt auswechselbare Kulisse und Hintergrund vom besonderen, wunderbaren, menschlichen Miteinander.

Der Jardin de Luxembourg in Paris war immer der Treffpunkt von Philosophen, Dichtern und Denkern, die alle eine Zeit in Paris gelebt haben. Hier suchte ich den Geist dieser Menschen und ihre so oft beschriebenen Werte zu finden.

Ich habe mich in den Park gesetzt, um den Geist dieser Dichter, Denker und Philosophen zu spüren.

Hierbei beobachtete ich Boule-Spieler, die dort ihre Sportstätte hatten. Neben den Boule-Bahnen, ein wenig abseits am Ausgang des Parks, stand ein kleines Holzhaus, das aussah wie ein überdimensionierter Schrank. Hier befanden sich, in einzelnen Fächern verschlossen, die Boule-Kugeln, sowie das Zubehör: eine Auswahl an Putztüchern und ein Magnet, der an einem Faden hing. Mit ihm konnte man die schweren

eisernen Boule-Kugeln von der Erde aufheben, ohne sich zu bücken.

Ich setzte mich auf einen der Parkstühle, die rings um die Spielbahn standen, um einen Augenblick lang den Spielern zuzusehen. Die Szenerie, die entstand, das Beobachten der Spieler und Spielerinnen, zog mich so sehr in den Bann, dass ich nicht nur einen Augenblick verweilte, sondern einen großen Teil meines Aufenthaltes in Paris hier verbrachte.

Nachdem ich mehrere Stunden mit der Beobachtung des Treibens verbracht hatte, kehrte ich am darauffolgenden Tag wieder, um weitere Stunden damit zu verbringen, nichts anderes als den Spielern zuzusehen, mitten in Paris, umgeben von grandiosen Bauwerken und hunderten anderer Sehenswürdigkeiten.

Was war nun so faszinierend an dieser Szenerie? Es war nicht unbedingt das Spiel, dessen Regeln ich auch nur zum Teil kannte, sondern es waren die Menschen, die es spielten. In diesem Boule-Spiel, das man auch unter dem Namen Boccia kennt - aber bleiben wir hier bei der französisch Form Boule (französisch, bu:l, „Kugel") -, wird eine kleine Kugel, in Frankreich nennt man sie Cochonnet, was Schweinchen heißt, zum Beginn des Spieles in das Spielfeld geworfen.

Der Spieler, der beginnt, markiert einen Kreis. In unserem Fall, auf dem staubigen Spielfeld von ca. 24 x

3m, umrandet von einer circa 10 bis 20 cm hohen Holzbande. Aus diesem Kreis heraus müssen nun die anderen Mitspieler, die in Zweier oder Vierer-Mannschaften antreten, versuchen, ihre schweren Metallkugeln möglichst nahe an das Schweinchen heran zu werfen oder zu rollen. Dabei können die eigenen oder die gegnerischen Kugeln aus der Position gestoßen werden.

Boule ist ein Spiel, das machte es für mich so interessant, in dem die verschiedensten Spieler oder Spielerinnen, in einer und gegen eine andere Mannschaft antreten können. Frauen und Männer, jung und alt. Diese Kriterien spielen keine Rolle in diesem Wettstreit um Geschick und Mannschaftstaktik. So beobachtete ich die verschiedensten Akteure, in immer veränderten Mannschaften, die oft danach bestimmt wurden, wann die Spieler eintrafen.

Da war der General, wie ich ihn nannte. Ein älterer, großgewachsener, schlanker Mann mit grauen Haaren. Er trug eine beige Hose, dazu passende Schuhe und Hemd. Um dem Hals trug er einen Schal, passend zum gesamten Erscheinungsbild, der im Hemdkragen gebunden war.

Er stand immer gerade, ohne steif zu wirken, seine Bewegungen waren elegant und gradlinig, aber nicht abgehackt oder militärisch zackig. Er sprach wenig, zumindest weniger als die anderen Spieler. Man konnte deutlich spüren, dass er mit sehr viel Respekt behandelt wurde, wobei er sich aber keinesfalls als

Führungsperson oder Anführer darstellte, sondern sich, wie jede der anderen Personen, ganz und gar in die Mannschaft einfügte, in der er gerade spielte.

Es war einer dieser Menschen, die ich ob ihrer Ordnung manchmal beneide, denn obwohl er sich in seinem feinen Auftritt auf der staubigen Spielbahn hin und her bewegte, beim Werfen der schweren Eisenkugeln Staub aufwirbelte, sah er immer so aus, als wäre er gerade frisch gekleidet auf dem Weg zur Oper oder ins Theater. Bei ähnlicher Betätigung auf der Boule-Bahn sähe ich nach 3 Minuten aus wie ein Bauarbeiter auf einer Neubaustelle. Ganz anders der General.

Da war noch ein anderer Spieler, den ich Casanova nannte. Er war, wie der General, für ein Boule-Spiel zu gut gekleidet, aber ganz im Gegensatz zu ihm nicht dezent elegant, doch waren alle Kleidungsstücke aufeinander abgestimmt. So passte das weit aufgeknöpfte schwarze Hemd zur hellen Hose, und die schwarzen Schuhe zum schwarzen Gürtel in der Hose genauso zusammen, wie die hell leuchtende goldene Uhr zum golden Armreif und nicht zuletzt zur massiven goldenen Halskette, die unübersehbar auf der behaarten Brust aus dem weit aufgeknöpften Hemd glänzte wie der goldene Genius auf der Säule auf dem Place de la Bastille, um in der Stadt zu bleiben, oder wie die „Goldelse" auf der Siegessäule in Berlin.

Sein Spiel war laut, voller Emotionen, gestenreich und ehrgeizig, voller Konzentration, die nur durch Blicke nach den Madames und Mademoiselles, die am

Spielfeld vorbei gingen, unterbrochen wurde. Sein Auftreten war aber nicht machoartig, denn er wirkte durchaus sympathisch und galant, sein Lächeln war verschmitzt und gewinnend.

Und dann war da noch die „kleine Madame", eine kleine kompakt wirkende Person, die kerzengerade mit kurzen schnellen Schritten über die Spielbahn fegte, äußerst agil und konzentriert spielte und sich den ein oder anderen Fluch über ihre Spielweise nicht verkneifen konnte. Einen Unterschied in ihrer Art zu spielen oder in der Qualität ihres Spielvermögens zu ihren männlichen Mitspielern, konnte ich nicht entdecken.

Weiterhin gab es einen Spieler, den ich den Handwerksmeister nannte.

Seine Kleidung war praktisch und korrekt, Jeanshemd und Turnschuhe waren darauf ausgerichtet, bequem und funktionell zu sein. Die Vorbereitung, bevor er seine Boule-Kugel rollte oder ins Spiel warf, dauerte von allen Spielern am längsten, wobei es so wirkte, als ob er seinen Wurf im Vorhinein genau berechnete. Er war es auch, der in kniffligen Spielsituationen blitzschnell ein Maßband aus der Tasche zog, um festzustellen, welche der Kugeln nun am nächsten am Schweinchen war.

Es waren noch mehr Spieler im Geschehen, die alle durch die eine oder andere Verhaltensart auffielen, denen ich einen Namen oder einen Beruf zuordnete.

Nun waren die Namensgebung der Spieler und die Berufe oder Funktionen, die ich ihnen zuschrieb, allein

ein Produkt meiner Fantasie, angeregt durch die Beobachtung und das Verhalten der Beteiligten. Ob ich mit meinen Vermutungen richtig lag oder nicht, spielt aber keine große Rolle.

Für mich spiegelten sie in ihren unterschiedlichen Charakteren nicht nur die Pariser oder die französische Gesellschaft wieder, sondern vielmehr empfand ich sie als einen Spiegel einer friedlichen, wenn auch im Wettstreit befindlichen Gesellschaft. Es wurde diskutiert, analysiert und taktiert und am Ende ging man friedlich nach Hause und freute sich auf das nächste Treffen.

So fand ich nicht die Werte der großen Künstler und Philosophen, die alle einmal hier in diesem Park gesessen hatten, aber ich fand die Kinder oder besser die Urenkel der großen Revolution mit ihren Werten. Freiheit, Gleichheit und Brüderlichkeit in einem Spiel, mit eisernen Kugeln auf einer staubigen Spielbahn mitten in Paris.

Der US-amerikanische Maler und Dichter syrischer
Herkunft Khalil Gibran sagte: „Die Wirklichkeit eines
anderen Menschen liegt nicht darin, was er dir
offenbart, sondern in dem, was er dir nicht offenbaren
kann. Wenn du ihn daher verstehen willst, hör nicht auf
das, was er dir sagt, sondern vielmehr auf das, was er
verschweigt."
Dass ich aber gerade mich dieser Wirklichkeit, soweit
dies überhaupt möglich ist, annähern möchte, zeigt die
Schwierigkeit.
Dass ich diese Aussage als Grundgedanken annahm,
stellte sich im Nachhinein als sehr nützlich heraus.

Wandelmut

Es gibt wohl keinen Ort in unserem Land, an dem Wandel und Veränderung so deutlich zu spüren sind wie in Berlin. Wandel bedeutet immer auch Mut. Mut zu einer Veränderung, die Bewährtes erhält, ist schwerer, viel schwerer, als alles einzureißen und neu zu beginnen. Das gilt für Städte und Menschen in gewisser Weise gleichermaßen.

Das Einreißen von Brücken ist die eine Sache. Das Leben auf einer Seite ist etwas anderes, wenn ich mir die Möglichkeit genommen habe, noch einmal die Seiten zu wechseln.

Nach allen Widerständen und Fragen in den Köpfen, nach endlosen Gesprächen, Reden und Widerreden muss der Alltag besiegt werden, so banal und einfach er auch daherkommt. Denn auf große Ideen müssen nun Taten folgen, aber keine großen Taten, sondern die des täglichen Lebens.

Der aus der ehemaligen DDR stammende Bürgerrechtler und Friedenspreisträger Friedrich Schorlemmer sagte einmal: „Wo aus Übermut Sanftmut und aus Wankelmut Wandelmut wird, wo aus Eigensinn Gemeinsinn, aus Leid Mitleid, aus Hartherzigkeit Barmherzigkeit, aus Vergeltung Vergebung, aus Sorge Fürsorge, aus Vorherrschaft

Partnerschaft und aus dem Geschöpf das Mitgeschöpf wird, da erst wird aus dem Menschen ein Mitmensch."

Veränderung wird aber leider oft mit Verschlechterung gleichgesetzt, und nichts löst mehr Angst aus als Veränderung, wie es Pessimisten so gerne sehen. Für sie ist oft alles Vergangene das Bessere: „Früher war halt alles besser, sogar die Zukunft."

Veränderung bedeutet nicht, oder nur in wenigen Fällen, Erneuerung und Ergänzung des Altbewährten. Diese Stadt hat in vielen Bereichen sehr große Veränderung erlebt. Nicht alles ist schlecht und nicht alles ist gut, jeder kann für sich das suchen und finden, was in sein Bild von dieser Stadt passt.

Mehr noch als Gebäude, Sehenswürdigkeiten und Straßen, prägen die Menschen einer Stadt die Eindrücke, die einem Besucher entgegentreten. Sind Gebäude, Straßen, Parks und Flüsse oder andere markante Naturgegebenheiten das Gesicht einer Stadt, so sind die Menschen ihre Stimme und ihr Charakter. Seit der Wende 1989 sind über eine Millionen Menschen neu nach Berlin gekommen und genauso viele haben diese Stadt verlassen. So hat diese Mini-Völkerwanderung dazu beigetragen, die Stimme und den Charakter zu verändern. Die Verlegung der Bundesregierung und der damit einhergehende Umzug vieler Ministerien und ihrer Mitarbeiter, tragen ebenfalls dazu bei.

Ein gutes Beispiel für diese Veränderung und Vermischung von Alt und Neu ist der Reichstag. Mit der alten Fassade als Symbol für das dunkelste Kapitel deutscher Geschichte, damit auch ein Teil unserer Geschichte, wenngleich auch befreit von direkter Schuld durch die Gnade der späten Geburt. Diesem Symbol wurde ein neues Innenleben eingehaucht und sein Dach wurde erneuert.

Wenn der Wind des Wandels weht, bauen die einen Mauern und die anderen Windmühlen. Zu wenig weiß ich über diese große Stadt, und so sehr ich auch den Wind des Wandels, stärker als an vielen anderen Orten, spüre, kann ich nicht sagen, ob nun im Wind dieses Wandels mehr Mauern oder mehr Windmühlen gebaut werden.

Sagen kann ich aber, dass im Wind des Wandels, in meinem Verständnis, nicht eine, sondern viele Mühlen notwendig sind. Sie liefern die Energie, die ich nutze, um mein Leben jeden Tag neu zu erschaffen.

Die aus Pflastersteinen in die Fahrbahn gezeichnete Linie am Brandenburger Tor oder Checkpoint Charly stellt einige sichtbare Reste der Trennung dieser Stadt dar. Mögen die Reste dieser Trennung, wie in der East Side Gallery, auch noch so bunt sein, so täuschen sie nicht darüber weg, wie drastisch und brutal diese Trennung war, und so bunt diese Reste auch sind, sie werfen einen grauen Schatten in die neue Zeit.

Auch im Leben werden immer wieder, durch Alltag bedingt, Schatten längst vergangener grauer Tage geworfen. Sind sie auch ein Teil der neuen Zeit, so sind sie doch gegenwärtig und unausweichlich. Sie müssen auch ihre Beachtung finden.

So werden sich bei allem Vertrauen, bei aller Zuneigung und Harmonie immer wieder die Reste vergangener Tage ins Bewusstsein schieben, die eine subtile Angst schüren. Dies ist auch nicht überraschend für mich.

Sehr leicht glaubt man, dass Sehen die stärkste Sinneswahrnehmung ist, denn dass was ich sehe, muss der Betrachter für die Wirklichkeit halten.

Wenn nun noch Hören und Fühlen als Sinneseindruck mit dem Bild übereinstimmen, gibt es keinen Zweifel, dass das, was all die Sinne aufnehmen, die Wirklichkeit ist.

Mal davon abgesehen, dass diese Wirklichkeit immer nur die eigene subjektive und einmalige ist, kommt noch ein weiteres hinzu: Die größte und bestimmende Sinneswahrnehmung ist die Erinnerung.

Unser Gehirn greift bei der Konstruktion unserer Wirklichkeit in erster Linie auf die Bilder in unserer Erinnerung zurück.

Ich sehe und spüre das positive Miteinander, das mich umgibt, und alles ist so, wie ich es mir immer gewünscht habe. Und trotz dieser Sinneserfahrung treten Bilder einer nicht so glücklichen Zeit in mein Bewusstsein.

Der große Anteil der Erinnerung bei der Entwicklung unserer Wirklichkeit und somit an unserem Bewusstsein, das unser Hier und Jetzt mitprägt, bringt nun diese negativen oder auch positiven Stimmungen und eben auch die Angst vor dem Morgen mit.

Wir müssen sie, ob wir wollen oder nicht, ausleben und erleben. Das einzige was uns bleibt, um sie nicht als unerklärbare Phänomene unserer Umwelt zu empfangen, ist, sie nach außen zu bringen.

Die Möglichkeiten, diese Empfindungen unseres Bewusstseins mitzuteilen finden sich in erster Linie in der Sprache. Wir können unsere Angst verbal äußern, sie niederschreiben oder in Bilder packen. Wobei die Sprache letztlich das ist, was uns die größte Eindeutigkeit beschert. Vorausgesetzt, mein Gegenüber „korrespondiert" mit mir und wir sprechen die gleiche Sprache.

Um Gefühle und Bewusstsein in Sprache umzuwandeln, bedarf es sicher Übung, denn der überwiegende Teil der Menschen hat mehr Bilder und Gefühle in seinem Bewusstsein als Wörter in der Sprache.

Das Argument, jeder Mensch sei im Grunde mit einem anderen nicht vergleichbar, so wie Gefühle und Bewusstsein nicht vergleichbar sind und damit ein Verstehen eigentlich nicht möglich ist, ist für mich nicht praktikabel, weil es im Umkehrschluss bedeuten würde, dass ich nichts von meinen Gefühlen nach außen zu geben brauche, da es sowieso nicht verstanden wird.

Kein Gedicht, kein Lied würde damit einen Anderen erreichen oder berühren. Erreicht beispielsweise mein Gedicht jemanden auf eine Art und Weise, dass ich ihn zu Tränen rühre, so wie ich zu Tränen gerührt war, als ich es schrieb, so ist man gezwungen, die Einzigartigkeit der Gefühle mindestens in Frage zu stellen. Sie mögen auf einer bestimmten Ebene vielleicht einzigartig sein, jedoch bedeutet das nicht, dass sie für andere nicht nachvollziehbar sind.

Es ist sicher wissenschaftlich kaum noch zu widerlegen, dass jeder Mensch in seiner Wirklichkeit und seinem Bewusstsein allein und einzigartig ist.

Diese Erkenntnis befreit uns aber nicht davon, unsere, wenn auch einzigartigen Gefühle, anderen mit Mitteln unserer Sprache so mitzuteilen, dass die Möglichkeit besteht, dass der andere sie mit seinem Bewusstsein vergleicht und Übereinstimmungen festzustellen meint und mich versteht.

Treten nun die Ängste oder auch der Sonnenschein der Vergangenheit in unser Jetzt, bleibt uns nichts anderes übrig, als sie bestmöglich dem Gegenüber mitzuteilen, um ihn nicht in eine Situation zu bringen, die er nicht einschätzen kann. Hier beeinflussen negative wie positive Erinnerungen gleichermaßen das Miteinander. Bin ich aus der Vergangenheit heraus traurig und depressiv gestimmt, kann ich bei meinem Gegenüber das Gefühl erwecken, er sei in irgendeiner Weise als unmittelbarer Berührungspunkt meines Lebens dafür verantwortlich.

Bin ich, im Gegenteil, plötzlich besonders glücklich und zufrieden, weil positive Bilder in meine Erinnerung treten, könnte mein Gegenüber auch daraus schließen, dass ich früher glücklicher und zufriedener war als ich es jetzt bin. Mit diesen kleinen, vielleicht banalen Beispielen möchte ich nur ausdrücken, dass allein möglichst präzise Äußerungen über mein Bewusstsein mir die Möglichkeiten eröffnen, verstanden zu werden. So banal der Spruch „nur sprechenden Menschen kann geholfen werden" auch ist, so zutreffend ist er auch.

Am schönsten Platz von Berlin, so zumindest wird der Gendarmenmarkt bezeichnet, sehen wir in der Mitte des Platzes das Schiller Denkmal, das an seinen ursprünglichen Standort vor der Freitreppe des ehemaligen Schauspielhauses zurückkehrte, wo es um 1938 von den Nazis entfernt worden war.

Die vier Frauengestalten auf der Brunnenschale sind Personifizierungen der Lyrik (mit Harfe), der Dramatik (mit Dolch), der Geschichte (mit Schrifttafeln, auf denen u. a. Goethe, Beethoven und Michelangelo verzeichnet sind) und der Philosophie (Pergamentrolle mit der Inschrift "Erkenne dich selbst").
Oft definieren wir den Charakter oder sogar das Sein eines Menschen nach Eigenschaften, die nur die Ränder seiner Persönlichkeit sind.
Aber gerade diese Ränder sind es, wonach wir diese Menschen beurteilen. Sehr leicht übersehen wir hierbei, dass es ja nur Teile eines Ganzen sind. Starke und auffällige Eigenschaften, die ich als Ränder eines

Menschen bezeichne, was haben sie mit dem Alltag und was mit dieser Stadt gemeinsam?

Zwischen den guten und schlechten Eigenschaften, nach denen wir einen Menschen beurteilen, liegt etwas, dass man als „Alltag des Menschen" bezeichnen könnte. Was meine ich nun, wenn ich über die Zwischenräume rede. Nehmen wir ein einfaches Beispiel: Ein mutiger Mensch ist nicht immer mutig, weil ihn der Mut verlassen hat, sondern weil die Eigenschaft Mut nicht immer erforderlich ist. Ein ängstlicher Mensch wird nicht immer Angst haben, weil nicht jede Lebenssituation Angst hervorruft.

Dies soll nicht werten, ob es gut ist, mutig oder ängstlich zu sein, sondern soll allein zeigen, dass Merkmale, die uns bei einem Menschen auffallen, nicht permanent vorhanden sind. Aber auch, dass die Vielzahl der unterschiedlichen Merkmale, die einen Menschen auszeichnet, in der Summe nicht immer vorhanden sind.

Ähnlich ist es mit unseren Gefühlen. Es ist kaum möglich, sich unaufhörlich glücklich zu fühlen, gleich, ob man nun eine noch so zufriedene und für sich perfekte Zeit durchlebt. Genauso ist es nicht möglich, immer und absolut unglücklich zu sein, ganz gleich, welch grausige und entsetzliche Zeit man durchlebt.

Den Zwischenraum zwischen diesen auffälligen und weniger auffälligen Merkmalen könnten wir als menschlichen Alltag bezeichnen, wobei diese Zwischenräume in den meisten Fällen mehr Platz und mehr Zeit einnehmen, als die Merkmale, nach denen wir Menschen beurteilen.

Zwischen Mut und Angst, zwischen Stärke und Schwäche und zwischen Glück und Unglück wohnt der Alltag.

Es ist sehr schwer zu beschreiben, was eigentlich Alltag ist. Der Alltag wird als etwas Gewöhnliches, etwas, was immer passiert oder als etwas, was nicht so viel wert ist, beschrieben. Obwohl er der überwiegende Teil unseres Lebens ist. Der Alltag ändert und bewegt durch seine Stetigkeit.

Wir sehen nicht, wie ein Baum wächst, wenn wir ihn jeden Abend betrachten, wenn wir nach Hause kommen. Irgendwann ist er groß, und wir haben es nicht gemerkt. Verlieren wir ihn aber für längere Zeit aus den Augen, erschrecken wir oder staunen, wie sehr er gewachsen ist.

Die Einflüsse des Alltags können wir nur sehr schwer ermessen oder empfinden, weil die täglichen Änderungen nur marginal sind. Ohne genaue Beobachtung des Alltags kann es mir passieren, dass ich plötzlich vor einem riesigen Baum stehe, den ich gestern noch als kleine Pflanze in Erinnerung hatte. Plötzlich ist der Mensch an unserer Seite verändert, ohne dass wir es gemerkt haben.

Wie kann ich nun verhindern, dass die Änderungen meiner Wirklichkeit durch die Einflüsse des Alltags unbemerkt Einzug halten?

Kommen wir zurück auf unser Schillerdenkmal und erinnern uns an den Spruch der Philosophen: „Erkenne dich selbst". Das beinhaltet, erkenne deine Wünsche, und zwar die, die ausschließlich aus dir selbst kommen. Denn nur, wenn ich mich selbst erkenne, habe ich eine kleine Möglichkeit, mit Hilfe meiner Wirklichkeit auch die Wirklichkeit des anderen zu erahnen.

Der Mensch, der mich wahrhaft respektiert, möchte mir helfen und mich beschenken, indem er dazu beiträgt mir meine Wünsche zu erfüllen. Kenne oder äußere ich aber meine Wünsche aus mir selbst nicht, wird er nie, auch wenn er sich noch so sehr anstrengt und bemüht, eine wirkliche Chance haben, mir zu helfen, mein Glück zu finden.

Genau das Gegenteil ist der Fall. Je mehr ich ihn in Ungewissheit lasse, desto mehr wird er das Falsche tun und letztlich mache ich ihn auch noch dafür verantwortlich, da er es nicht schafft, meine Wünsche zu erkennen.

Diese Gefühle sind die Brücke, die es mir möglich macht, einen winzigen Teil der Wirklichkeit zu erkennen, die mir helfen kann, diesen allmächtigen Einfluss des Alltäglichen nicht unerkannt bleiben zu lassen.

Den vergehenden Tag, kurz bevor wir in den Schlaf fallen, verabschieden und mit dem letzten Gedanken des Bewusstseins sich schon auf den neuen freuen und das ohne Angst, das ist wahrhaftige Erfüllung.

Der Dichter ist außerhalb der Sprache, er sieht die Wörter verkehrt herum, als wenn er nicht zur Menschheit gehörte und, auf die Menschen zukommend, zunächst auf das Wort als eine Barriere stieße.

Jean-Paul Sartre

Zeit und Ordnung

Das Leben folgt der Zeit, weil wir den Zeitpfeil nicht umdrehen können. Es bleibt uns nur, ihn so lang wie möglich zu machen. Auf verschiedenste Art und Weise versuchen wir das. Geburtstage werden nicht betrauert, sondern gefeiert, Menschen, die überdurchschnittlich viele Geburtstage feiern, werden bestaunt. Auch in technisch hochentwickelten Ländern wie unserem greift man dabei ganz selbstverständlich auf Beschwörungsformeln zurück: „Ein langes Leben" wünschen wir uns gegenseitig. Das soll helfen, davon sind wir überzeugt. Warum sonst würden wir jedes Jahr wieder einen besonderen Tag organisieren, um diese Wünsche entgegenzunehmen? Für ein paar Häppchen und etwas zu trinken wünschen die Gäste einem jedes Jahr einen Tag lang ein langes Leben. Dafür sind wir sogar - entgegen sonstiger Gewohnheiten - dazu bereit zu singen. „Hoch soll er leben…dreimal hoch", was auch immer da „oben" passieren mag.

Dass dies nicht wirklich hilft, länger zu leben hat Francis Galton schon 1872 wissenschaftlich bewiesen. In seiner Statistik untersuchte er, ob die Glückwünsche für die Königin und die Gebete, dass sie und auch die übrigen Mitglieder des Könighauses gesund bleiben mögen, etwas fruchteten. Trotz der vielen Lang-lebedie-Königin!-Rufe zeigte sich, dass die siebenundneunzig untersuchten Personen von königlichem Geblüt durchschnittlich 64 Jahre alt wurden und damit drei bis fünf Jahre kürzer lebten als die Pfarrer, Juristen, Ärzte, Offiziere und Händler, für die beträchtlich seltener gebetet wurde.

Aber etwas sollten wir bei der Betrachtung von Zeit verstehen. Zeit ist für uns in erster Linie das, was zwischen zwei Punkten vergeht, sagen wir zwischen Ursache und Wirkung oder auch zwischen Impuls und Geschwindigkeit. Mit dem Vergehen oder Ablaufen dieser Zeit, von einem Punkt zu einem anderen, nimmt die Unordnung im Universum zu und somit auch die bei uns als Mensch selbst. In der Physik nennt man das Entropie.

Entropie bedeutet das Streben nach Unordnung. Dies ist recht schwer zu verstehen, denn dazu müsste man erst mal bestimmen, was Ordnung und was Unordnung im eigentlichen Sinne ist. Nur so viel: In der Natur sind entropiereiche, ungeordnete Zustände wahrscheinlicher als entropiearme, also geordnete. Ein geordnetes System geht dabei jedoch recht schnell wieder in einen ungeordneten Zustand über, während ein ungeordnetes System nie spontan in ein geordnetes übergeht. Das liegt daran, dass ein geordneter Zustand meist künstlich ist und unter Aufwand von Energie erzeugt wurde.

Wenn wir zum Beispiel eine Kartoffel essen, dann machen wir als Mensch nichts anderes, als dass wir geordnete Energie, (nämlich die der Kartoffel), in ungeordnete Energie, sprich Wärme, umwandeln. Die Wärme geben wir durch unseren Körper ans Universum ab.

Wärme ist eine ungeordnete Energie, weil sie sich ausbreitet. Nehmen wir ein warmes Gas und füllen es in einen Behälter, werden wir immer erleben, dass dieses Gas sich in diesem Behälter verteilt. Wir werden niemals erleben, dass sich das warme Gas in eine Ecke dieses Behälters verkriecht und abkapselt.

Ein weiteres Beispiel für Entropie ist ein Glas auf dem Tisch. Durch Formen und Brennen hat man es in eine bestimmte höhere Ordnung gepresst, in die Ordnung eines Glases, aus der ich alles Mögliche trinken kann. Ein wie immer geartetes Ereignis kann dieses Glas derart der Gravitation aussetzten, dass es zu Boden fällt und zerbricht. Das kann eine unbedachte Handbewegung sein, ein unachtsamer Kellner oder eine Sturmböe. Vieles kann passieren, nur eines passiert nicht: Gleich was in der Welt geschieht, das Glas wird sich nicht vom Boden wieder auf den Tisch bewegen, um dort wieder die Ordnung eines Glases anzunehmen, wie es sie vor dem Sturz hatte. Der Zerstörungsprozess lässt sich nicht umkehren.

Gleich was unserem Glas auf dem Boden unserer Welt auch passiert, es gibt kein Zurück in die ursprüngliche Form.

Wie interessant es auch aussähe, den aufgezeichneten Film unseres hinunterfallenden und zerbrechenden Glases rückwärts laufen zu lassen, um zumindest einen visuellen Eindruck zu bekommen, wie es sein könnte, es wird in der Realität nicht passieren, wie lang wir auch immer das zerstörte Glas am Boden beobachten. Warum das Glas nicht wieder auf den Tisch zurückspringt, das lässt sich mit dem Hinweis auf den zweiten Hauptsatz der Thermodynamik erklären.

Der zweite Hauptsatz der Thermodynamik besagt, dass es stets mehr ungeordnete Zustände als geordnete gibt. Nehmen wir die Teile eines Puzzles in einer Schachtel. Es gibt nur eine Anordnung in der sich die Teile zu einem Bild zusammenfügen. Schüttelt man die Schachtel werden die Teile eine andere Anordnung annehmen. Das wird wahrscheinlich ein ungeordneter Zustand sein, in dem die Teile kein Bild ergeben. Einige Bruchstücke werden noch Teile des Bildes erkennen lassen, doch je mehr man die Schachtel schüttelt, umso größer ist die Wahrscheinlichkeit, dass auch diese Kombinationen sich auflösen und in einen völlig durcheinandergewürfelten Zustand geraten. Es gibt eben nur eine Anordnung, in dem die Teile ein Bild ergeben. Dagegen gibt es eine sehr große Zahl von

Anordnungen, in denen Teile ungeordnet sind und kein Bild ergeben.

Die Unordnung nimmt mit der Zeit zu, wenn sich das System in einem Anfangszustand in großer Ordnung befunden hat.

Danach nimmt in einem geschlossenen System die Unordnung oder Entropie zu.

Kommen wir nochmal zurück zu unserem Glas:

Man kann also leicht von dem Glas auf dem Tisch in der Vergangenheit zum zerbrochenen Glas auf dem Fußboden in der Zukunft gelangen, nicht aber umgekehrt. Selbst wenn wir alle Teile des Glases aufheben und zusammenkleben, so ist das Glas nicht wieder die Ordnung, wie es dies vor dem Sturz war, sondern eine neue Ordnung tritt ein: „Die Ordnung des geklebten Glases.“

Hierbei muss man aber immer bedenken, dass kein Teil, nicht ein Atom des Glases, je verloren ging oder verloren werden konnte, denn Energie und Materie sind Energie. Auf der Erde kann nichts verloren gehen, genauso wenig wie es gewonnen werden kann, es wird lediglich umgewandelt.

Doch wollen wir uns darauf beschränken zu sagen, dass die Dinge sich mit dem Zeitpfeil in eine Richtung bewegen und sich damit ständig verändern zu neuen Ordnungen oder Unordnungen.

Was ich hier mit dem Glas beschreibe, ist ein Beispiel für diesen Zeitpfeil. Etwas, das die Vergangenheit von der Zukunft unterscheidet, indem es der Zeit eine Richtung gibt.

Es gibt mindestens drei verschiedene Zeitpfeile.

Den *thermodynamischen Zeitpfeil,* die Richtung der Zeit, in der die Unordnung oder Entropie zunimmt, den *psychologischen Zeitpfeil,* also die Richtung in der, unserem Gefühl nach, Zeit fortschreitet, die Richtung also, in der wir die Vergangenheit, aber nicht die Zukunft erinnern und den *kosmologischen Zeitpfeil*, die Richtung der Zeit, in der sich das Universum ausdehnt und nicht zusammenzieht.

Alle diese drei Zeitpfeile zeigen, so der aktuelle Stand der Wissenschaft, in die gleiche Richtung. Mal angenommen, die Expansion des Universums stoppt, das Universum zöge sich wieder zusammen und der Zeitpfeil würde sich in die andere Richtung bewegen... Dann würde der Mensch rückwärts leben und sterben bevor er geboren wird.
Betrachten wir den psychologischen Zeitpfeil, die subjektive Empfindung für die Richtung der Zeit. Diese wird im Gehirn vom thermodynamischen Zeitpfeil bestimmt. Das ist ähnlich wie ein Computer: Wir müssen uns an den Dingen in der Reihenfolge erinnern, die in der Entropie anwächst.
Entropie erfasst nicht nur den Menschen als Lebewesen an sich, indem wir geboren werden, älter werden und

schließlich sterben. Entropie erfasst auch unser Leben miteinander, besser gesagt, unsere Beziehungen untereinander.

Verhalten und die Worte, die einem entgegengebracht werden, sind gefangen in der Entropie. Es gibt, wie bei unserem Glas auf dem Tisch, viele Möglichkeiten und Umstände, die dazu führen, dass das Glas vom Tisch fällt und zerbricht. Genauso gibt es viele Gründe und Umstände, die dazu führen, dass ein bis zu diesem Zeitpunkt gut funktionierendes Verhältnis von Menschen „zu Boden fällt" und zerbricht.

Nicht immer aber, auch das wissen wir, muss ein Glas gezwungenermaßen zerbrechen, wenn es vom Tisch fällt. Es kann so aufschlagen, dass es unversehrt bleibt oder nur eine kleine Ecke absplittert.

Doch auch, wenn nur ein Stück herausbricht, hat sich die Ordnung des Glases zu einer neuen Ordnung gewandelt.

Und zwar zur „Ordnung eines Glases mit einem Sprung" oder einem fehlenden Stück.

Genauso verhält es sich mit uns Menschen. Hin und wieder kommt es vor, dass ein Verhältnis einen Sprung bekommt, einen Riss oder sogar zerbricht.

Was auch immer geschieht, der Prozess ist nicht umkehrbar. Da können wir flicken, kitten und kleben, die alte Ordnung ist nicht wiederherstellbar.

Ein einmal beschädigtes Verhältnis zu einem Menschen wird somit niemals wieder so sein, wie es vorher war, gleich, wie sehr ich verzeihe, vergebe oder bereue. Tief in mir bleibt diese Beschädigung erhalten. Ein Zurück zum alten Zustand gibt es nicht. Entropie ist gnadenlos und unaufhaltsam.

Spinnen wir diesen Gedankengang weiter:

Wenn also all das Miteinander im Leben dieser Unordnung zustrebt, was für Möglichkeiten habe ich denn dann, wenn ich an einem Punkt komme, an dem ich eine Ordnung erreicht habe, die mir großes Glück und Zufriedenheit beschert? Die Antwort muss lauten, keine, wenn es darum geht geboren zu werden, zu leben und zu sterben. Denn ich werde vergehen, wie alles andere Leben, und damit auch meine Gefühle.

Doch die wachsende Fähigkeit der Menschen, durch Information und Empathie andere zu verstehen, hat einen kleinen Winkel der Ordnung in einem zunehmend der Unordnung verfallenden Universum geschaffen.

So gibt es durchaus Möglichkeiten, zwar nicht die Entropie aufzuhalten, aber das, was sich dieser Entropie aussetzt, bzw. aussetzen könnte, bestmöglich zu schützen.

Indem ich beispielsweise, nochmal zurückkommend auf unser Glas, das Glas in einer stabilen Kiste in Watte lege und diese Kiste an einen sicheren Ort vergrabe.

Auch hier wäre das Glas nicht 100% sicher, im nach Unordnung strebenden Universum, auf alle Fälle aber wesentlich sicherer als im Schrank oder auf dem Tisch meiner Wohnung.

Diese Schutzmaßnahmen mögen vordergründig Sicherheit vermitteln, sie haben aber einen großen Nachteil: Aus einem in einer Kiste vergrabenem Glas kann ich schlecht trinken. Ich kann es zwar theoretisch benutzen, aber diese Behandlungsweise entspricht nicht dem Zweck eines Glases. Ich beraube das Glas damit seiner Funktion, die darin besteht, daraus zu trinken und sich an seiner Form zu erfreuen. Umgekehrt, je mehr ich es benutze, desto mehr setze ich das Glas der Gefahr aus, dass es mir durch eine Unachtsamkeit zerbricht.

Ich bewege mich deshalb also nicht unkontrolliert und wild um den Tisch herum, achte auf meine Handbewegungen, setze mein Glas nicht einfach unbeachtet der Gefahr aus und schütze es auch vor anderen unachtsamen Zeitgenossen.

Umgesetzt auf meine Gefühle und die Menschen, die mich umgeben, die ich liebe und achte, heißt das, dass ich mit ihnen vorsichtig und behutsam umgehe, so dass ich das Verhältnis zu ihnen nicht durch Worte oder Taten - dieser unumkehrbaren neuen Ordnung oder Unordnung - aussetze.
Besonders der Mensch, der mir am nächsten ist, mit dem ich eine gemeinsame Ordnung geschaffen habe, braucht besonderen Schutz und meine Achtsamkeit. Doch selbst wenn ich diese Aufmerksamkeit und

Vorsicht aufbringe, merke ich doch, wie oft die Entropie an unserer Ordnung und an unserem Leben reißt und zerrt.

Ordnung ist hierbei nicht allein von mir abhängig, sondern auch von dem Menschen, der diese Ordnung untrennbar mitgestaltet. Was es deshalb von beiden Seiten braucht, ist ständige Wachsamkeit und die Nähe zueinander – in dem Wissen, dass eine kleine Unaufmerksamkeit oder ein Fehler großen Schaden anrichten können: Das Glas fällt zu Boden und zerbricht.

Das Schlimmste, was passieren kann, ist, wenn ich nicht einmal merke, dass ich Gefühle so sehr zerbrochen habe, dass sie irreparabel verloren sind.

Erst dann, wenn man das Glas benutzen möchte, merkt man, dass man es zerbrochen hat, erst dann, wenn man die Gefühle, die Zuneigung des anderen braucht und sucht, merkt man, dass sie nicht mehr vorhanden sind. Nicht selten kommt es vor, dass man in dieser Situation aber nicht mal wahrhaben will und kann, dass man es selbst war, der die Gefühle und Zuneigung verletzt und zerstört hat.

Wer, so stellt sich dann die Frage, trägt die Schuld daran, dass mein Glas überhaupt zu Boden fällt und zerspringt? Bin ich es, der es durch Unachtsamkeit vom Tisch gestoßen hat, oder ist am Ende nicht doch die Schwerkraft die Schuldige, weil sie durch ihre Gesetze das Glas zum Erdmittelpunkt zieht und es so am Boden zerspringen lässt?

Unsere Welt ist also voll mit geklebten und reparierten Gläsern. Oft sind die Sprünge und Risse auf den ersten Blick gar nicht sichtbar.... aus ihnen trinken kann man aber nicht mehr.

Auch unsere Beziehungen auf den ersten Blick intakt und unversehrt wirken, bei näherer Betrachtung bieten sie aber keinen Halt mehr, für den in Not geratenen, nach Liebe, Verständnis und Geborgenheit suchenden Menschen.

Nun wäre es doch das Einfachste, ein neues Glas zu kaufen oder einen neuen Menschen zu suchen.

Doch, wenn ich nicht grundlegend lerne, mich behutsam und mit Bedacht zu bewegen, wird auch diese Ordnung nicht lange Bestand haben.

So stehen Menschen vor einem Scherbenhaufen und warten auf das rettende Ereignis, auf die Umstände, die das Glas wieder in ihre alte Ordnung bringen sollen. Doch alles Warten ist vergebens.

Bis zu dem Punkt, in dem sie selbst von der Entropie „verschluckt" werden, die sie dann wieder zu einer Ordnung bringt, die es ihnen nicht mehr ermöglicht, in irgendeiner Weise auf all diese Dinge einzuwirken.

Dieser Einfluss bedeutet behutsam, vorsichtig und mit Bedacht mit den Gefühlen der anderen Menschen umzugehen. Nur so ist man nicht gezwungen, immer wieder neue Ordnungen einzugehen.

Auch wenn man das Gefühl hat, sein Leben ist in Ordnung, muss man, um Ordnung in sein Leben zu bringen, große geistige Energie aufwenden.

Man kann eben nicht weiter an der Kiste mit den Puzzleteilen schütteln, damit das Puzzle ein Bild ergibt.

Man muss die Energie aufbringen, die Kiste zu öffnen, die Teile zu sortieren und nach und nach daraus die einzige mögliche Ordnung zusammenzusetzen.

Die hier aufgebrachte Energie ist ungleich größer als nur die Kiste zu schütteln und auf die Unwahrscheinlichkeit zu warten, dass sich die gewünschte Ordnung einstellt.

Die Liebe zueinander, das Verstehen, das Achten des Anderen ist nicht etwas, das durch Zufall oder glückliche Umstände zusammengehalten wird.

All diese Dinge bedingen sich gegenseitig und brauchen Energie und Kraft, in einem Universum, in dem die Unordnung stetig zunimmt. Auch, wenn sich diese physikalische Wirklichkeit der zunehmenden Unordnung - unserem subjektiven Erleben - entzieht.

Der Lohn für diese ständige Kraftanstrengung ist das Glückempfinden im Umgang mit „seiner Welt".

Das Leben ist ein Berg

Sisyphus ist eine der sagenumwobenen Gestalten aus der griechischen Mythologie. Sisyphus erträgt ein hartes Schicksal. Die Götter haben ihm die Strafe auferlegt, einen schweren Felsbrocken wieder und wieder einen Berg hinaufzurollen. Oben angekommen rollt der Felsbrocken wieder ins Tal. Sisyphus steigt herab, um diese Arbeit von neuem zu verrichten. Heute nennt man deshalb eine Aufgabe, die trotz großer Mühen nie abgeschlossen wird, Sisyphusarbeit.

Bei unserem täglichen Tun und in Umgang mit Menschen werde ich manchmal an Sisyphus erinnert. Da müht man sich für eine bestimmte Sache endlos ab, um verstanden zu werden, und irgendwann möchte man dann einfach aufgeben, da das Ziel unerreichbar scheint.

Große Philosophen haben sich mit der Frage beschäftigt, ob Sisyphus glücklich sein kann. Das Glück könnte darin liegen, im Weg das Ziel zu sehen.

Denn bei aller Anstrengung und allem Ärger über das Ausbleiben echten Erfolges, so ganz nutzlos scheint uns unser Handeln nicht.

So können wir davon überzeugt sein, dass unser Handeln richtig ist und weitermachen, weil es einfach getan werden muss. Zumindest bleiben wir so in ständiger Bewegung und auch so kann sich dann Erfolg und Glück einstellen, obwohl wir das eigentlich angestrebte Ziel vielleicht gar nicht erreichen können.

Wieviel Wahres steckt in der Vorstellung, dass Sisyphus allein durch sein Tun durchaus glücklich werden kann? Was geschieht, wenn nach allen Plagen und Mühen, wenn die Götter dann ein Einsehen haben und Sisyphus den Gipfel des Berges - also plötzlich und unerwartet sein Ziel - erreicht? Was soll er machen mit dem Stein, oben auf dem Berg? Wahrscheinlich wird er sich freuen und seinen Erfolg und das unerwartete Glück feiern.
Aber bald wird er sich fragen: Und was nun? Wie geht es weiter? Und vielleicht stößt er dann freiwillig den Stein den Berg herab, um das Glück wieder zu finden, das er aus der Mühe erreicht hatte, den Stein den Berg hoch zurollen.
Den Stein den Berg hoch rollen, das kenne ich gut. Auch in meinem Leben ist er des Öfteren ein ordentliches Stück zurückgerollt und ich musste neu beginnen.
Aber oft habe ich, wie sicherlich viele andere auch, meinen Stein bis auf den Gipfel gerollt.
Letztlich ist es ja so, dass sehr viele Dinge, die wir tun, eben nicht eine Endlosschleife bilden, in der wir unsere Ziele nicht erreichen.

Wir mögen unterschiedlich hohe Berge haben und unterschiedlich schwere Steine, aber sehr viele erreichen eben dann doch den Gipfel ihres Berges, freuen sich und sind stolz und das zu Recht.

Die Frage, die sich aber danach immer stellt, heißt: Und jetzt? Einen neuen Berg und einen neuen Stein suchen? Ja, das ginge in dieser Welt, denn es gibt gigantisch viele Berge und Steine. Aber leider gibt es halt auch nur eine begrenzte Menge Zeit in diesem Leben.

Auf dem Gipfel kann man nicht stehen bleiben und leben, man kann dort ausharren und sterben oder den Abstieg beginnen.

Viele wollen diesen Abstieg vermeiden oder seinen Beginn hinauszögern. Ich möchte nicht vom Gipfel im freien Fall ins Tal stürzen, sondern absteigen, so wie ich aufgestiegen bin, Schritt für Schritt. Beim Abstieg kann man nicht sehen, was im Nebel am Fuße des Berges ist, genauso wenig kann man beim Aufstieg sehen, woher man gekommen ist.

Die Blickrichtung ändert sich vollständig. Beim Aufstieg hatte ich mit jedem Schritt den Gipfel im Blick und musste mich umdrehen, um ins Ungewisse am Fuße des Berges zu schauen. Mit jedem Tag in Richtung Gipfel hatte ich das Gefühl, mich vom ungewissen „Woher" zu entfernen.

Beim Abstieg habe ich den Nebel am Fuße des Berges immer im Blick und ich komme ihm mit jedem Schritt unaufhaltsam näher. Jeder Schritt bringt mich dem

Ende näher. Schritte des Aufstieges empfinde ich aber trotzdem völlig anders als die des Abstieges.

Viele schauen voller Wehmut und Verzweiflung während des Abstiegs zurück und sehen nur den Gipfel, von dem sie zu kommen glauben.

Ich empfinde dies nicht so. Schaue ich zurück zum Gipfel, so weiß ich, dass ich letztlich nicht vom Gipfel komme, sondern vom Fuß des Berges auf der anderen Seite. Ich erinnere mich gut an die Mühen des Aufstieges. Ich bin mir bewusst, dass mein Weg aus Aufstieg, Gipfel und Abstieg besteht, und jeder Schritt, auch der erste, den ich je tat, mich zum Ende führt.

Ich bin an einem Punkt in meinem Leben, an dem ich den Abstieg schon lange begonnen habe, das Ungewisse am Fuße des Berges fest im Blick. Dass ich es erreichen werde, ist sicher. Was sich dahinter verbirgt, ist für mich ebenso klar. Ich hoffe, so lang wie möglich mit sicheren Schritten dem Ungewissen am Fuße des Berges entgegen zu gehen. Schon heute spüre ich, dass mein Blick dadurch, dass ich das Ende nicht ignoriere oder negiere, klarer und freier ist, als er es je war.

Klarer und angstfreier als jeder Tag des Aufstiegs und auch freier und weiter als jeder Gipfeltag.

Auch auf diesem Weg bin ich, wie immer, voller Hoffnung und Freude darauf, was der nächste Schritt für eine Perspektive für mich bereithält. Jeder von uns sollte wissen, wo er gerade steht und geht - am Berg des Lebens.

Der Mensch ist verurteilt, frei zu sein
sagt Jean-Paul Sartre.

Glück im Gepäck

Um das Zitat besser zu verstehen, muss man die Bedeutung der Freiheit, wie Sartre sie sieht, etwas erläutern.

Sartre war Anhänger des Existentialismus, dessen Forderung an den Menschen war, er solle sein Leben selbst schaffen.

Die Freiheit, und die Suche nach ihrer Definition, spielten bei Sartre eine zentrale Rolle. Sartre war der Meinung, dass ein Mensch sich an nichts orientieren kann und deshalb die Möglichkeit hat, sich selbst zu entwerfen und seine eigenen Wertvorstellungen und Normen zu entwickeln. Der Mensch dürfe als einziger über sich selbst bestimmen. Der Mensch habe keine Zwänge durch äußere gesellschaftliche, natürliche oder göttliche Anweisungen, sondern rede sich diese nur ein, um die Verantwortung für seine Taten auf andere abschieben zu können.

Das Leben in diesem Spannungsfeld zwischen Selbstbestimmung und äußeren Zwängen bereitet den Boden für Angst. Denn jede Entscheidung, die wir treffen oder auch nicht treffen, hat Konsequenzen – Konsequenzen, die den Status Quo erhalten oder verändern. Der große Auslöser für Angst besteht in der

Veränderung. Wir haben Angst davor, dass das, was wir einmal gewonnen und erreicht haben, wieder verloren gehen könnte.

Aber nie zuvor in der Menschheitsgeschichte fand Wandel so rasant statt wie heute.

Oft haben wir das Gefühl, dass starke Veränderungen von außen in unser Leben getragen werden. Wir empfinden uns dann als „Opfer der Umstände". Aber bei genauer und ehrlicher Betrachtung sind wir es oft selbst, die die Veränderungen herbeiführen, sei es durch Unachtsamkeit oder, weil wir es herbeigerufen und zugelassen haben.

Unsicherheit und Ängste sind die negativen, unangenehmen, aber auch natürlichen Begleiterscheinungen des Wandels.

Unser Handeln und Denken wird beeinflusst durch starke Veränderungen. Veränderungen verändern auch uns: So hatte ich früher nie ein mulmiges Gefühl gehabt, wenn ein orientalisch aussehender Mann mit Bart mit mir ein Flugzeug besteigt. Es wäre mir nie in den Sinn gekommen, allein aufgrund der äußeren Erscheinung, einen Menschen als Terroristen zu verdächtigen. Heute macht mich dieser Gedanke zum Opfer meiner Angst. Ich schäme mich dafür und wehre ich mich mit Händen und Füßen gegen diese, von außen an mich getragene, Angst, merke aber auch, dass ich mich nicht immer gegen sie behaupten kann.

„Heute ist vieles besser als früher" ist realistischer und lebensbejahender, als umgekehrt zu sagen, dass früher alles besser war. Das Leben besteht aus Wandel: Wunsch oder nicht Wunsch, danach fragt der Wandel nicht.

Ganz davon abgesehen, dass wir den Wandel nicht aufhalten können. Der Wandel ist es, der unser Leben durchzieht, erfüllt und uns jung hält.

Wandel heißt vor allem auch Neubeginn.
Mit jedem Wandel, den wir erleben und durchleben, beginnen wir neu. Wir sind ein Teil dieses Neuen, dieses Anderen. Mit jedem Wandel können wir auch die eine oder andere Angst besiegen und zerstreuen.
Dass wir älter werden können wir nicht aufhalten, höchstens ein wenig verzögern. Wenn wir in den Spiegel schauen und unseren Köper beobachten, wird uns das jeden Tag deutlich.
Doch unser Denken und Handeln können wir von diesem Älterwerden ausschließen. Unser Denken kann länger jung bleiben, weil wir es ändern und damit selbst bestimmen können. Durch Flexibilität in unserem Denken und Handeln können wir uns an veränderte Situationen anpassen.
Menschen können aber nicht mit Wandel leben, wenn es in ihrem Inneren keinen unwandelbaren Kern gibt.
Der Schlüssel zur Wandlungsfähigkeit liegt im Gefühl und dem *sicheren Gespür* dafür, wer wir sind, warum es

uns gibt und welchen Werten wir uns verpflichtet fühlen.

Dies hat auch sehr viel mit der Fähigkeit des Träumens zu tun.

Wenn Träume sterben, aus welchen Gründen auch immer, zum Beispiel, weil sie mir doch unerreichbar scheinen oder auch, weil sie in Erfüllung gegangen sind, auch dann tritt ein Wandel ein. Im Zuge dieses Wandels sollte ich dann einen neuen Traum beginnen.

Lange habe ich mich gefragt, was geschieht, wenn meine Träume in Erfüllung gehen.

Eine Zeit lang glaubte ich, ich müsste andere Menschen dazu befragen. Heute kann ich aus meiner eigenen Erfahrung diese Frage beantworten.

Bei genauer Betrachtung dessen, was ich mir erträumt habe, muss ich feststellen, dass doch einige meiner Träume in Erfüllung gingen.

Sie gingen nicht nur in Erfüllung, sie wurden auch teilweise übertroffen.

Dass dies so ist, vergisst man sehr leicht, wenn der Traum erst einmal gelebt wird.

Sehr schnell können ein Traum und ein großer Wunsch, unerreichbar erscheinen, doch wenn sie dann erfüllt werden, ist der Schritt zum Alltäglichen nicht mehr weit.

Der Traum wird sozusagen vom Alltag verschluckt und umgewandelt, bis nicht mehr erkannt wird, dass er einst ein großer Traum war. Ich kann mit Fug und Recht behaupten, dass ich so etwas erlebt habe.

Wenn nun ein Traum stirbt, in meinem Fall beispielsweise, weil er in Erfüllung geht, muss ich dann traumlos durch die Welt wandeln, das ewige Glück ins Gesicht geschrieben?
Nein, das funktioniert nicht, zumindest nicht bei mir. Um jung zu bleiben, Energie freizusetzen und Antrieb zu finden, bin ich letztlich dazu verurteilt, einen neuen Traum zu träumen.

Ein neuer Traum bedeutet auch ein neues Ziel.
Das bedeutet aber nicht, dass der Weg das Ziel ist, sondern, dass der neue Traum das neue große Ziel darstellt. Man hangelt sich also im Leben von Traum zu Traum oder von Ziel zu Ziel.
Dies funktioniert aber nur, wenn ich wirklich ein Ziel erreiche, ein Wunsch in Erfüllung geht und diese unterschiedlichen Träume und Ziele miteinander verbunden sind.
Heute bin ich bereit einen neuen Traum zu träumen, nicht weniger lebe ich aber auch in meinen bereits erfüllten Träumen und stehe bereit, einen Sprung zu machen, in Richtung eines neuen Ziels.

Noch suche ich nach diesem Ziel, die letzte Form ist noch nicht erdacht, und ein wenig muss ich mir noch zusammenträumen, um diesen neuen Traum zu sehen und das Ziel deutlich zu bestimmen.

Doch ich befinde mich schon auf dem Weg. Den Start habe ich bereits hinter mir. Dass ich für den neuen großen Traum nicht wieder 45 Jahre Zeit habe wie bei meinem letzten, stört mich eigentlich nicht.
Die Erfahrung im Umgang mit dem Erfüllen von Träumen macht es mir leicht, so zu denken.
Demokrit sagte einmal: „Mut steht am Anfang des Handelns, Glück am Ende."

Um sich Träume zu erfüllen braucht man Mut: Auch den Mut zur Veränderung, den Mut Brücken einzureißen und Risiken einzugehen. Handeln Sie voller Mut auf der Reise zu Ihren Träumen und Sie werden stets mit Glück im Gepäck reisen. Lassen Sie Ihre Ängste zu Hause und entscheiden Sie sich für den Weg jenseits der Angst, denn nur jenseits der Angst findet das Leben statt, das glücklich macht und das Glück erhält.

Mehr vom Autor...

Brainshopping
Emotionalisierung im Handel

Die Hirnforschung hat große Fortschritte gemacht. Die Ergebnisse umfassen neue Erkenntnisse über Wahrnehmungs- und Entscheidungsprozesse, so wie die Feststellung, dass es gravierende Unterschiede zwischen den Gehirnen von Frauen und Männer gibt. Neuroökonomen stellten fest, dass sich der Verstand beim Einkauf geradezu ausschaltet, übernommen wird die Entscheidung von den Gefühlsregionen im Gehirn.

Die Erkenntnis, dass die Mehrheit der Kaufentscheidungen im Geschäft (PointOfSale) getroffen wird, zwingt letztlich dazu, auch die Emotionalisierung in die dreidimensionale Wirklichkeit der Verkaufsräume zu bringen. Ein Wandel hat sich in Gang gesetzt, der den Geschäften ein neues Gesicht geben wird.

Was von den Bereichen der Wissenschaft heute schon im Handel Einzug gehalten hat und welche praktischen Umsetzungen heute schon Erfolg versprechen, wird in diesem Buch beschrieben.

Brainshopping
Mit allen Sinnen Handeln

Das über sehr lange Zeit gelehrte und verfolgte Bild des Homo oeconomicus gerät immer öfter, auch in der Wirtschaftswissenschaft, ins Abseits. Dafür rückt der Homo neuro-biologicus, dessen Verhalten kognitiv, emotional und sozial bestimmt wird, immer öfter in den Focus. Achim Fringes vermittelt auf eine leicht verständliche und sehr praxisnahe Art und Weise nicht nur Grundlagen von Emotionen und Wahrnehmung, sondern man spürt auch den Geist des Profis aus dem Einzelhandel.

Aus meiner Sicht ein unverzichtbarer Leitfaden für alle, die wissen wollen wie uns unsere Emotionen und Wahrnehmungen lenken und wie durch die Sinnliche Erfahrung der äußeren Welt die Wirklichkeit in meinen Kopf kommt. Im Buch werden die Grundzüge des Neuromerchandisings erklärt.

Der Kern von Neuromerchandising befasst sich nicht damit, wer mein Gegenüber am POS ist, auch nicht, was ihn motiviert dort zu sein, sondern in erster Linie damit, was und wie der Mensch den POS erlebt. Also nicht das warum, oder wer, sondern das wie.